福柯思想的历史之维

王建志　著

山东大学出版社

图书在版编目(CIP)数据

福柯思想的历史之维/王建志著. —济南:山东大学出版社,2018. 9
ISBN 978-7-5607-6226-5

Ⅰ. ①福… Ⅱ. ①王… Ⅲ. ①福柯(Foucault, Michel 1926-1984)—哲学思想—研究 Ⅳ. ①B565. 59

中国版本图书馆 CIP 数据核字(2018)第 263435 号

责任编辑:尹凤桐
封面设计:张 荔

出版发行:山东大学出版社
社 址 山东省济南市山大南路 20 号
邮 编 250100
电 话 市场部(0531)88363008
经 销:新华书店
印 刷:沂南县汶凤印刷有限公司
规 格:880 毫米×1230 毫米 1/32
5. 875 印张 162 千字
版 次:2018 年 9 月第 1 版
印 次:2018 年 9 月第 1 次印刷
定 价:22. 00 元

山东科技大学青年教师教学拔尖人才培养计划
(BJRC20160508)
山东科技大学人才引进科研启动基金项目
(2015RCJJ050)
山东科学大学学术著作出版基金

前　言

一个真正的思想家不仅要有一双洞察人类当下生存现状的眼睛，还要有囿于时代却又超然于时代能独立思考的品格，这是与时代思想定式的“决裂”，更是一种“精神的反抗”。反思当下时代人的生存状况，质疑和批判当下各种“话语”的正当性，寻找人类生存的未来可能性，这是一个思想家自觉融入人类思想史该有的担当，而这些，用来形容法国思想家福柯最恰当不过了。纵观福柯一生的思想探索，我们可以明晰地看到，他不断地在反思和追问：在启蒙运动这个思想史事件的延展中，现代社会发展的真实状况是否真正让每个主体性个体在理性的启蒙下实现了自由？如果真的如福柯所言，启蒙的承诺——已经走向了自己的反面，在理性自身的领域之内被颠覆，越来越远离自由，那么人类当下和未来的生存样式会是如何？

我对福柯思想的历史之维的理解和分析起于福柯曾经在《何为启蒙?》一文中把自己的思想历程称为“关于我们自身的历史存在论”。本书正是紧紧围绕着这一点来安排结构的，而行文又是围绕着与之相关的一系列问题来展开，并且尽量保持着问题之间的逻辑性和连续性。这样，每一章和每一节的内容之间就成了对一系列问题的设问和解答。

第一章第一节是对福柯提出“关于我们自身的历史存在论”的缘由的分析，简单地介绍了他的历史意识的由来以及他关于历史的思想维度。在第二节中，主要分析福柯思想的历史思想与尼采思想之间的关系，这也为文章最后分析福柯与尼采、海德格尔的思想的关联性作一个铺垫。在第三节中，介绍福柯的“关于我们自身的历史存在论”，并解释其内涵。

第二章描述了福柯对传统历史观的分析和批判的具体内容，具体分析了两个大的问题。一个问题是福柯是如何评判传统历史观的。本章从三个方面分析了福柯对传统历史观批判的具体内容。另一个问题是福柯为什么会批判传统的历史观。本书认为这与福柯对传统的主体哲学的理解相一致，并且在文章中具体分析了二者之间的关系。

第三章主要解释两个问题：一个问题是福柯“主体的历史”的思想内容是什么；另一个问题是福柯为什么会选择研究知识主体的历史、权力主体的历史以及伦理主体的历史。

第四章主要分析了福柯思想的历史之维度中的关注“现在”的维度。具体问题是：为什么福柯会关注“现在”？这与他的“生存美学”的思想有什么联系？该如何联系尼采、海德格尔思想以及现代社会的现实来评价福柯思想的理论意义和现实意义？该如何评价福柯思想的历史之维度？对这些问题的分析就成为这一章的主要内容。

曾经有一篇对话文记录了福柯一些关于自己思想脉络的回顾。当时，特隆巴多利问了福柯这样一个问题：“68 年事件后，另一种理论潮流重新获得了力量，并且被确认为是青年文化中具有相当分量的一种参照点。我说的就是法兰克福学派：阿多诺、霍克海默，以及马尔库塞，他们的作品都成了学生当中意识形态争论的焦点，尤其是马尔库塞，他的影响力要比前两位大得多。抗击压制的斗争，反权威主义，逃避‘文明’，对‘体制’的激进拒绝，这些主题都成了青年大众的口号，他们带着多少有些模糊的认识争来论去。我想知道的是，您的思想与这股理论潮流有着怎样的关系，您似乎没有直接地探讨过它。”[①]福柯回答道：“实际上，要正确地把握法兰克福学派那丰富的理论，需要我们在对他们个人的了解与作品的研究方面付出更多的努力。就我而言，我认为法兰克福学派提出的问题至今还在为人所探讨。其中有一项就是权力的效应，而这些效应是和在西方，从 16 世纪以来，从历史的角度和地理的角度被确定的那种理性联系在一起的。要不是这种特定形式的理性发挥了作用，西方世界永远也不可能实现它那独特的经济效应和文化效应。而对于确定这种理性权力的种种机制、程序、技术和效应，我们已经不再能够坦然接受，已经视其为体现资本主义社会特色的压迫形式，或许还包括社会主义社会(福柯在此指苏联)。那么，我们怎么来把这种理性与这些东西区分开来？难道不能就此得出结论，说启蒙的承诺，即通过运用理性而达到自由的承诺，已经走向了自己的反面，在理性自身的领域之内被颠覆，越来越远离自由了吗？这是一项根本性的问题，我们都参与了有关的争论，为许多人所熟知。”[②]请注意福柯在此用的是“我们”，暗示了他自己和法兰克福学派思想的趋同性——反思启蒙理性通达自由的现实状况，只是福柯把这个思想的路程放在了历史的视阈当中。

1983 年 4 月，福柯在美国加州大学伯克莱分校与胡伯特·德雷福斯(H. Drefus)和保尔·拉比诺(P. Rabinow)座谈时，把自己从事的研究工作称为“一种关于我们自身的历史存在论”。它包括三个轴线：(1)我们与真理的关系，换言之，我们是怎样被

① Michel Foucault & Duccio Trombadori, *Remarks on Marx*, R. James Goldstein and James Cascaito (trans.), New York: Semiotext(e), 1991, pp. 115-116.

② Michel Foucault & Duccio Trombadori, *Remarks on Marx*, R. James Goldstein and James Cascaito (trans.), New York: Semiotext(e), 1991, p. 116.

构建成知识的主体的;(2)我们与权力场的关系,换言之,我们是怎样被构成为运用和屈从于权力关系的主体的;(3)我们与道德的关系,换言之,我们是怎样被构成为我们自己行为的道德主体的。这三个轴线正是福柯思想道路的三个维向,但是这三个轴线并不是彼此独立,而是相互杂糅。从知识考古学到话语与权力的谱系学,再到福柯对性经验史的研究,这其中汇入了一个主题,即"关于我们自身的历史存在论"。福柯在思想的道路上不断探索,把历史纳入哲学思考的视野当中,当他在发现启蒙理性并没有实现自己的承诺之时,福柯认为:"我们必须摈弃几个世纪以来人们强加给我们的那种个体性,从而造就主体性的新形式。"[①]这也是福柯一直在思考的别样主体化方式的谱系学构想。相应的,福柯的问题就是:"是否存在另外一种迫在眉睫的,以坦诚地臣服于他者、普遍性规则和规范为基准的历史性选择?在法则之彼岸,是否存在一种以关怀自我为运作模式的主体化以及自我主体化的形式?"[②]正如我们看到的,他确实找到了别样的主体化的形式,他开始转向古希腊和古罗马,重新思考古希腊—罗马时期以修身实践为导向的美德伦理,重新界定自我、欲望和无意识。

在福柯看来,古希腊—罗马的修身伦理是与生存艺术分不开的。修身就是一种生存艺术,人如何才能恰当地治理自身和治理他人呢?这涉及修身艺术与真理的关系,而这个问题正是《主体解释学》的主题,用福柯自己的话来讲就是:"确切地说:我并不想取消或去除我曾企图把有关主体性和真实的关系这个问题置入其中的历史向度,而是要让它以一种更一般的方式呈现

---

① [英]路易丝·麦克尼:《福柯》,贾湜译,黑龙江人民出版社 1999 年版,第159页。

② [英]路易丝·麦克尼:《福柯》,贾湜译,黑龙江人民出版社 1999 年版,第159页。

出来。我今天讨论的主题是:'主体'和'真实'这两个要素(不属于实践和通常的历史分析)之间的各种关系是在什么历史形式中相互维系起来的。"[①]福柯看到,在古希腊—罗马"有关这个epimelea heautou(关心你自己)概念,有一大堆文集界定过一种生存方式、一种态度、各种反思方式,让'关心你自己'成为一种极端重要的现象的各种实践,这不仅是在表象的历史中,不仅是在概念史或理论史中,而且是在主体性的历史中,或者是在主体性的实践史中。"[②]福柯看到,在古希腊,哲学这个有关真理性的知识和智慧的概念,绝不仅仅是一个认知问题,更是一个精神性的实践问题。福柯说:"我们称之为'哲学'的思维方式,拷问的不是何谓真,何谓假,而是什么使得存在和可能存在真和假,以及人们能够或不能够区分真和假。如果我们是这样来称呼'哲学'的,那么我认为我们可以把主体为了达至真理而用来塑造自己的探究、实践与体验称为'精神性'。这样,我们会把注入净化、禁欲、摈弃、目不斜视、改变生存等一整套探究、喜洋洋和体验称为'精神性',它们不是为了认识,而是为了主体和主体的存在,成了达至真理的代价。"[③]福柯的这段话意味深长,这关乎哲学本身的精神性问题。西方哲学在漫长的游历后仿佛渐渐失去了塑造主体精神性的作用,失去了"智慧"之"爱",而古希腊源自心灵的对知识和智慧的"爱"绝对不仅仅是判断知识性的真与假,而更为重要的是生存的实践。关于这一点,柏拉图有一段特别深刻的话:"那些人们,因为他们认真追求生活,他们应该有一个高贵的名称。我不会称他们为智者,因为这只是属于神的伟

① [法]福柯:《主体解释学》,佘碧平译,上海人民出版社2010年版,第4页。

② [法]福柯:《主体解释学》,佘碧平译,上海人民出版社2010年版,第10页。

③ [法]福柯:《主体解释学》,佘碧平译,上海人民出版社2010年版,第13页。

大的名称——他们合适的名字是爱智慧的人。”[①]柏拉图在此描述的并不是典型的希腊思想家,而是更为普遍的古希腊城邦的普通人,因为对于古希腊人来说,追寻知识都是为了追寻智慧的生活。“哲学”是“爱智慧”,恰恰说明哲学不仅仅是认知问题,更是一个人的生存实践问题,是一个生存艺术问题,是一个生存理想问题。而福柯所讲的“我们可以把主体为了达至真理而用来塑造自己的探究、实践与体验称为‘精神性’”[②]的本意正在此。

著名古典学学者依迪丝·汉密尔顿在其著作《希腊精神》中这样评价古希腊人关于知识(真理)的态度:“希腊人对知识本身并没有什么兴趣。他们是注重实际的人。他们渴求知识是因为知识对生活有价值;它能指引人们避歧途而入正轨”,而这导向的将是古希腊人生存的理想:“卓越”。汉密尔顿认为:“(卓越)这个概念是古典世界几百年间的生活基础。”[③]而这个对于古希腊人来说“卓越”是一种修身的艺术,是生存的风格,也是生活目标的朝向,有一个典型的代表人物就是哲学家苏格拉底,汉密尔顿这样描述苏格拉底:“他的生活也像他的话语那样在人们心中激起了神圣的不满足感,他感觉到自己的内心中有一个顾问,这个顾问指导他的日常事务,并使他的灵魂能够保持恒久的平静。”[④]我们看到即使在苏格拉底在死亡面前的平静和坦然,让人类的历史被迫陈述了人的尊严和理性价值的至高性。在当时的古希腊,没有哪个了解苏格拉底的人会不相信“善使人感觉到最真实的存在”,苏格拉底就是这样的一个“实存”。在苏格拉底

---

① [美]依迪丝·汉密尔顿:《希腊精神》,葛海滨译,华夏出版社2014年版,第91页。

② [英]福柯:《主体解释学》,佘碧平译,上海人民出版社2010年版,第13页。

③ [美]依迪丝·汉密尔顿:《希腊精神》,葛海滨译,华夏出版社2014年版,第268页。

④ [美]依迪丝·汉密尔顿:《希腊精神》,葛海滨译,华夏出版社2014年版,第270页。

去世50多年后，柏拉图的学生亚里士多德曾经如此评价苏格拉底："有一种生活，远非人性的尺度可以衡量：人达到这种生活境界，靠的不是人性，而是他们心中一种神圣的力量。有人说，我们作为人要去思考的东西，我们不应该相信他们的这样说法，而要依照我们内心中那种更高尚的东西的要求来生活，虽然这种东西曦微渺茫，但是，其力量和价值远胜其余。"①这正是"哲学"的真正的精神性，这正是古希腊的"真理"塑造下的主体，所以福柯会说："他们不是为了认识，而是为了主体和主体的存在。"②这种对自我主体的塑造，主体在真理性的光照下的显现，正是源于古希腊的修身艺术，而福柯就在"关心你自己"这浓缩了古希腊修身艺术、技术的话语中找到了主体性的另外一种可能性，这是一种生存的美学风格，也是一种主体生存的别样可能性。

福柯曾经用简单的几个字来评价自己的历史观："超然旁视又虔敬仰观"③，作为一个旁观者，他必需头脑冷静而又理智，对历史的真实又要保持着虔敬，这种虔敬是真实的历史本身的显现，也是显现着的真实的历史。对于在二战的战火中成长，感受着权力的压制和暴力，人类文明价值的陨落，虚无化的自由的福柯来说，还有什么比人类历史本身更值得思考的事物呢？

无疑，福柯是现代的思想家，他具有着现代思想家的特点，对于现代人生存状况的忧虑、同情和个人价值的信念仍然是当今这个世界中的两个主旋律。按照伊迪丝·汉密尔顿的说法就是："这种思想从来都是现代的思想……这种精神体系从来都存在，而且永远也不会改变，它从本质上说就是一种毁灭的精神，

① [美]依迪丝·汉密尔顿：《希腊精神》，葛海滨译，华夏出版社2014年版，第269页。

② [法]福柯：《主体解释学》，佘碧平译，上海人民出版社2010年版，第13页。

③ Michel Foucault & Duccio Trombadori, Remarks on Marx, R. James Goldstein and James Cascaito (trans.), New York: Semiotext(e), 1991, p. 129.

它是批判性的而不是创造性的。柏拉图说:‘如果生活中没有批判,那么这种生活是毫无价值的。’”①

最后,我想引用汉密尔顿在《希腊精神》中评价欧力庇得斯的话语,来评价福柯:“他们首先看到的这个世界上最可悲的事情就是不公正,心中由此激发起了强烈的反抗情绪。他们不会接受常规旧例,因为那经常是非正义的幌子;他们在追求正义的道路上,不惜一切地撕下所有可憎的事物的面纱;他们对一切冠冕堂皇和让人心安理得的事情都提出疑问。他们不是那些‘关心生活中所有的方方面面’的人;他们不去考虑他们所生活的那个时代中的美好的事物;他们的眼睛只盯着那些丑恶的事物。但是他们却从来不会感到绝望。他们是反抗者,是斗士。他们从来不接受失败。他们能够深刻的洞察所有的丑恶和苦难,而且觉得它们是绝对无法忍受的,但他们从来不会认为人类的思想遭到了失败,也正是因为这一点,他们才产生了巨大的影响。”②

对于福柯来说,在他的内心中有一个壁垒,在这个壁垒中他可以控制自己的思想和精神,活着做一个自由人,死则无悖于自我的本真性。这正如福柯的精神导师尼采说“成为你自己”一样,他主宰了自己的命运,福柯成为了“福柯自己”,这也许就是最高尚的美学人生,一如他的生存美学思想。

王建志

2018 年 1 月

---

① [美]依迪丝·汉密尔顿:《希腊精神》,葛海滨译,华夏出版社 2014 年版,第 244 页。

② [美]依迪丝·汉密尔顿:《希腊精神》,葛海滨译,华夏出版社 2014 年版,第 245 页。

目录

第一章　我们自身的历史存在论

在中国，福柯其人其思已经不再陌生。在当代，可以说福柯是继萨特之后法国知识界的一面旗帜，随着时间的推移，他的著作在欧洲、美洲，甚至是在亚洲有了越来越多的读者，他的思想也逐渐地被世人所接受和认同。有人称他为“20 世纪法兰西的尼采”，有人称赞他为“本世纪的最后一位大师”。

任何思想家都不能脱离他所生活的时代，福柯也不例外。这位在战火中度过童年的思想家，对于生命、人世有着深刻的体味。从他自己记叙的口吻中，我们也能深深地感受到他回忆自己“灰色”童年时的隐痛和感伤。福柯一生中研究过很多位思想家，比如黑格尔、康德、马克斯·韦伯、阿尔都塞等，但是给福柯留下更深印象的却是海德格尔和尼采，而其中尼采对福柯的影响尤为明显和深远。福柯曾经说过：“我认为有三类哲学家：我不知道的哲学家；我知道并且谈论的哲学家；我知道但是并不谈论的哲学家。”[①]海德格尔属于福柯知道但是并不谈论的哲学家，而尼采属于福柯知道并谈论的哲学家。在福柯的思想历程

---

① 包亚明主编：《权力的眼睛——福柯访谈录》，严锋译，上海人民出版社 1997 年版，第 117 页。

中,不难发现,他对尼采谈论得非常多,但是却极少提起海德格尔。

虽然二人对福柯的思想影响很深,但是福柯的写作风格却明显地不同于海德格尔和尼采。品读尼采的书,犹如置身高空,寒冷、凛冽;犹如置身浪尖,你的力量显得微不足道,只能任凭风浪带你前行;犹如置身火山,所见之处都是喷涌的岩浆。读尼采,往往会有一种思想崩裂之感。阅读海德格尔的书,犹如置身于儿时玩耍的河边,阵阵微风,炊烟向远处弥漫;犹如置身幽谷,花香阵阵,清泉汩汩;犹如行走在弥漫着泥土气息的乡间小路,恬淡幽静,犹如农夫口中欢快的歌声。读海德格尔,有一种悠远之感。而初读福柯,犹如置身于潮湿、阴暗的密林,密林遮住了阳光,没有尼采的崩裂,没有海德格尔的悠远,只有迷乱和嘈杂,错综复杂,纠缠不清。越是深入,疑问和迷惑就会越多。

第一节 福柯的历史意识

到底该如何把握福柯?也许我们不得不试图从一些捷径入手。不难发现,西方的思想家的思想往往都带有这样一种明显的“牵涉”:对真理的探求和对自由的向往,或者说对人的生存状况的关注和担忧。尼采和海德格尔不例外,福柯也不例外。当按照这样一个角度去理解福柯时,我们就不难理解福柯为什么会在临床医学、监狱、性领域从事理论探索和研究。

福柯喜欢身着简洁的衣服,白色和黑色相搭,留着光头,年轻时候的照片上还可以看见福柯留着短发。眼镜中透出深邃而凝重的眼神,就是这双眼睛在布满灰尘的历史资料和档案中探索,也正是凭借这双眼睛,他洞察人类历史的轨迹,从而在当代思想的星空中留下了属于自己的轨迹。

福柯是难于把握的,因为他的思想在不断地发生变化,福柯自己也曾说过“不要要求我没有变化”。可以说，福柯是行走在思想之路上的行者，穿越过荆棘、黑暗，行走在思想的“边缘”。他对现代人生存的关心和焦虑并不仅仅局限于哲学、文学领域，还包括历史经验的领域。他最终的思想归宿在于为当代人的生存寻找一条“本真”的出路，历史也只不过是他踏过的痕迹。早期他关注自文艺复兴之后这个历史时段，到后期他直接切入古希腊和古罗马的文化中去探寻历史，他像极了一个旅行者。他研究过文学、绘画和艺术，评论过电影，曾经担任过德国等几个国家的法国文化顾问，也曾经在法国的外交部门工作过。他曾经支持学生游行、示威，激昂地站在反抗权力斗争队伍的前面，曾经被警察殴打、被关进警察局。

福柯就是这样一个活生生的人，却让人感觉无从把握。他既没有把自己看作是古典式哲学家，也没有把自己看作是传统型历史学家，而是把自己看作西方文化的考古学家、谱系学家。他在政治上属于激进的左派，尽管如此，他言辞尖锐地拒绝将马克斯·韦伯的思想看作一种思想体系。曾经，他称自己为“尼采式的共产主义者”；曾经，他称自己是“左派无政府主义者”；曾经，他称自己是康德的追随者；曾经，他称赞马克斯·韦伯，说自己的思想如同“兄弟”般亲近韦伯的批判理论。福柯的思想具有多面性，当然这与福柯对自我思想的认知不无关系。福柯曾对外多次强调，他的思想处于不断的变动之中。那么，我们该如何从整体上把握福柯的思想或者理清福柯思想所探索的道路呢？从福柯的自述中不难看出，他是不喜欢别人以一种整体的眼光看待他的思想的。对福柯的思想进行归类，或者像很多人做的那样，从结构主义或者实证主义的角度去评判福柯，都可能磨灭掉福柯的思想特性。这是违背他的意愿的，对他的思想也是最不公的。更多的目光和关注应该放在福柯思想实事的本身，比如，福柯在思考什么？如何思考？思考的初衷和宗旨是什么？

这些问题比给福柯以及他的思想套上一个特定类型的标签显得更为重要。福柯在1969年出版的方法论式著作《知识考古学》的导言中就预言:人们肯定会埋怨他一而再、再而三地转变自己的思想和立场。对此,他的回应变得尖锐而巧辩:"不要问我,我是谁;不要跟我说,应当一成不变。这只不过是一种婚姻戒条;它管的是我们的身份证件。涉及写作时,它就该对我放手了。"①有人说福柯是反西方传统文化的圣人,有人认为他是属于后现代性框架下的人,有人认为福柯是人文科学中一种新思想的奠基者,是黑格尔—马克思主义的摧毁者,有时也是冷酷而严苛的反人道主义者,有人认为福柯是生物政治和新自由主义权力形式下的后人类世界的预言者,也有人认为福柯是生活艺术的倡导者和富有影响力的主张"关心自我"的思想行者。这些种种关于福柯思想的印象只能说明这样一个事实:福柯的思想具有独特性、新颖性及活生生的挑战性。其人如其思,福柯是一个特立独行的人。

福柯是一个行走在"边缘"的人。福柯思想的基本倾向中,我们能看出他对规范的逾越,对理性的不满,对超验性的拒斥,对诗意生活的向往,对极端体验的迷恋。这里所说的"边缘",指的是正常人眼中的生活和思想规范的"界限"。虽然我们不知道在"界限"之外是什么,也不去讨论所谓的"界限"本身是否逃得出"中心",没有"中心",怎么会有"界限"?但是,福柯确实给人一种印象,那就是他是一个行走在"边缘"的人,不仅仅是思想的"边缘",也指他自己生活的"边缘"。尼采认为哲学思想与哲学家本人的生活风格是分不开的,尼采自己是这个样子,这句话用来形容福柯也是十分恰当的。福柯在1983年曾经说过这样的

① [瑞士]菲利普·萨拉森:《福柯》,李红艳译,中国人民大学出版社2010年版,第2页。

话,包含了对自己思想与生活的感悟和记录,原文是这样记载的:“每时每刻,每走一步,人们都必须把他们所想所说的同他们所做的,同他们的真实身份进行对照。”①福柯在思想上试图对一切都提出质疑,在生活中似乎一直在挑战着道德的底线和社会的规则,他给人留下一种模糊的印象——他似乎要反抗一切,然后就像摆脱了这一切那样来生活。在这种反抗中,我们不得不怀疑福柯是否还关切着真理;但是,显而易见,福柯深切地关注着自由,借用美国当代学者阿瑟·丹图的话来说就是:“我很疑心他是否关切真理。他关切着自由,并以此作为自己的使命:破坏真理的观念,以便过上他认为破坏了真理之后才成其为可能的生活。”②丹图对福柯的理解是十分深刻的:“他感兴趣的是此种意义上的真理:一个人在历经磨难之后找到了他自己的真理。他的个性之中结合了浮士德和尼采,真理已经死亡这意义上的尼采,身体力行自己各种可怕的梦想这一意义上的浮士德。福柯是我所知道的最为稀有的人当中的一个,最危险的人之一。”③为什么丹图认为福柯是一个危险的人,因为福柯勇敢地拿自己的一生做了一个实验,他重视生命的历程,而不是生命的结果。从福柯的话语和诸多言论来看,他确实是那个特立独行的寓自己的思想和探索于自己生活的人。

1983 年秋季号的加拿大《精粹》(*Ethos*)杂志曾经刊发了福柯的一次题为“自画像”的访谈。在这次的访谈中,福柯提及了很少谈到的有关他个人生活的一些问题,在谈及知识与生存的关系时,他说:“我 16、17 岁的时候,只知道一件事:学校是块净

---

① [美]詹姆斯·米勒:《福柯的生死爱欲》,高毅译,上海人民出版社 2003 年版,第 5 页。

② [波兰]埃娃·多曼斯卡编:《邂逅:后现代主义之后的历史哲学》,彭刚译,北京大学出版社 2007 年版,第 218 页。

③ [波兰]埃娃·多曼斯卡编:《邂逅:后现代主义之后的历史哲学》,彭刚译,北京大学出版社 2007 年版,第 218 页。

土，不受到政治的干扰或是其他外来压力的威胁。我一直喜欢让安谧的学术氛围来保护我。对我来说，知识的作用就是保护个体的生存，并对外部世界进行理解，仅此而已。知识通过理解活动构成生存的手段。”[①]福柯的话道出了自己的思想探索和自己生活之间的关联。事实也确实如此，福柯个人的生活体现出行走在“边缘”的姿态，同时他的思想也是思在文化的“边缘”。

1926年10月15日，福柯出生于法国维埃纳省省会普瓦捷的一个医生家庭，他19岁就离开家乡。当时，正处于第二次世界大战期间，福柯在后来谈及到自己的童年生活时，愤愤之情难以言表，宁静而窒息的家庭环境与第二次世界大战在他幼小心灵上留下的创伤，可能是福柯不愿提起自己童年的重要原因。

福柯的家庭属于当地富有的资产阶级，福柯的曾祖父、祖父和父亲都是医生。一家人住在外祖父留下来的住宅中，当地居民把这所住宅称为“城堡”。福柯雇有秘书，家中还有仆人、保姆、厨师、汽车司机。“资产阶级”这个词其实并没有我们意象中的那种片面性。在当时的欧洲资产阶级中，人数最多的是那种勤勤恳恳、正派体面，有着正统观念和虔诚信仰的富裕市民，也就是所谓的“中小资产阶级”，或者说是“中产阶级”。这个阶级的生活方式和思维方式上往往是循规蹈矩、尊重传统，为人处世因循守旧。他们沿循着传统社会的价值观念：财产、家庭、道德、秩序。福柯就出生于这样一个家庭中，福柯家有三个孩子，福柯是长子，按照家庭的传统，长子应该用“保罗”做名字，但是福柯的母亲坚持给福柯起名为“保罗-马歇尔”。母亲从小就给孩子灌输家族格言：“管好你自己。”福柯从小就树立了个人奋斗的精神。福柯不喜欢这种中规中矩的家庭环境，家中经常宴请宾客，

① 包亚明主编：《权力的眼睛——福柯访谈录》，严锋译，上海人民出版社1997年版，第5页。

而福柯却非常不喜欢和客人交谈的方式，他回忆道："说话、同客人交谈的规矩，在我看来，既十分奇怪，又十分讨厌。当时我常常想，人为什么必须得说话。沉默似乎是同人打交道的更有趣的方式。"①可以看出，福柯性格里面有些自闭的倾向。在后来的 1943 年，福柯顺利通过了中学毕业会考，获得了报考大学的资格，面临着自己人生前途和专业选择的时候，福柯与父亲发生了激烈的冲突。按照家族的传统，福柯的父亲希望儿子能传承父业，要求福柯学医，将来做一名医生。可是福柯对文学和历史更感兴趣，母亲比较尊重福柯的选择，父亲只好让步。因为这件事，福柯才把原来的名字"保罗-米歇尔·福柯"改为"米歇尔·福柯"。福柯对自己的母亲一直保持着尊重和依恋，他将自己出版的第一本著作献给母亲，而和朋友提起自己的父亲时，口气中却透出一份怨恨之情。

福柯从小就是一个叛逆的孩子，他不希望按照家长的价值观生活。福柯与父亲的冲突，隐藏在背后的就是福柯的价值观与家庭规则、传统规范的碰撞，这也使福柯对规则一生都保持着某种警惕。福柯对权力的思考、对规训的分析、对规则的质疑，就是他内心体验的真实写照。因为，福柯曾经说："父亲是一个'恶霸'，对他实行'规训与惩罚'。"②

在 1945 年的巴黎高师入学考试失利以后，福柯在 10 月份插入巴黎亨利四世公立中学预备班学习，这一年，福柯 19 岁。第二年的 5 月到 7 月，福柯再次参加巴黎高师的入学考试，终于如愿以偿。在巴黎高师的日子，福柯不习惯集体的生活，性格十分忧郁和孤僻。在巴黎高师这种精英齐聚的地方，竞争显得格外激烈，而福柯的情况比较严重。他经常酗酒，在 1948 年和

---

① 刘北成:《福柯思想肖像》，上海人民出版社 2001 年版，第 4 页。
② 刘北成:《福柯思想肖像》，上海人民出版社 2001 年版，第 8 页。

1950年,他曾经两度企图自杀。第一次自杀未遂的结果是,福柯出院后,经他的父亲同医院磋商,征得学校的同意,允许福柯享有特权,单独住一间宿舍。很多研究者认为福柯自杀的原因在于福柯的同性恋倾向受到压抑。我们看到福柯在后来的著作《性经验史》和《主体解释学》中对古希腊和罗马的同性恋性的问题有所论述,这仿佛让人觉得:福柯在为现代社会同性恋的合法性辩护。福柯自己也曾经说过,一个社会如果对同性恋持排斥的态度,这个社会就不够自由。

很多研究者认为,福柯在1983年去美国讲学的时候,在旧金山染上了艾滋病,这很可能是福柯去世的原因。据福柯的男友德菲尔记述:"他非常重视艾滋病,当他最后一次去旧金山时,他是把此行当作一次极限体验来看待的。"①福柯对极限体验有一种特别的迷恋,福柯在一次访谈中曾经谈到过:"其实,我在体验快乐方面有严重的困难,它不像欣赏自我那么简单。我梦想快乐。我甚至希望有那种过量的快乐,我宁愿为它而死去。可是我真的觉得这是件很困难的事,我经常觉得自己是一点都不快乐。对我来说,那种纯粹的完全的快乐是同死亡联系在一起的。"②

当采访者问福柯为什么会这么说时,福柯回答道:"我以为,那种真正的快乐是如此深沉强烈、压倒一切,会令我窒息。我会因此而死去。我能给你一个简单清楚的例子。有一次,我在街上被一辆汽车撞了。我那时正在走路。有那么几秒钟我感觉自己正在死去,而那种快乐真是非常非常强烈。当时是夏天傍晚七点钟光景,天气很好,太阳正在落山,天空一片碧蓝。这是我

---

① [美]詹姆斯·米勒:《福柯的生死爱欲》,高毅译,上海人民出版社2003年版,第27页。

② 包亚明主编:《权力的眼睛——福柯访谈录》,严锋译,上海人民出版社1997年版,第10页。

迄今为止回忆中最美妙的光景。某些麻醉毒品对我来说也很重要,因为它们能缓解我对那种强烈而又寻觅不得的快乐的渴望。一杯上好的陈年美酒也许是令人愉快的,可是对我来说不起任何作用。我要的是那种极其强烈的快乐。像我这种类型的人恐怕还不止一个。我不能给自己或是别人提供那种日常生活中的普通快乐。这种快乐对我来说毫无意义,我也不能围绕它来安排自己的生活。因此我不是一个社会化的人,不是一个文化的人,在日常生活中是一个乏味的人。"[①]也许对于福柯来说,这种对"极限的体验"是不可或缺的,他甚至冒着感染艾滋病的危险去同性恋会所,正是这种危险性才让福柯感觉到生命的激情和"疯癫"。这就是福柯对于"极端体验"的迷恋。

福柯撰写于海外、1961 年 5 月在索邦大学(Sorbonne University)用于博士论文答辩的《疯癫与文明》,在出版时,福柯用的副标题是"理性时代的疯癫史"。在这本书中,我们可以看到福柯后来很多思想的萌芽,可以说是他此后思想的出发点,也是他未来研究的序曲。虽然他一生都在不断地探索,但是在该著作中已经表达了他相当独特的思考方式和视角。在此书中,福柯对变化多端的"疯癫"做了历史性的研究,这同时就是对理性与疯癫的斗争史的梳理和研究。传统哲学一直把理性当作人之于世界中的立足点和特性,人高于动物的优越性就体现在人的"理性"之上。福柯则质疑这个"理性",他从理性的理想主义中撤离出来,把理性与非理性关系的变化放在历史演变的视域中进行考察。福柯在此书中隐藏地假设了一个"零点",这个"零点"就是理性与疯癫还没有分离的时刻,福柯试图去发现这个"零点",并在这个"零点"的分离和演变中认识到:疯癫是理性压

① 包亚明主编:《权力的眼睛——福柯访谈录》,严锋译,上海人民出版社 1997 年版,第 11 页。

制下的产物，是历史性的产物；而理性就是西方文化抉择的产物，它的合法性并不是超验的、合法的。那么，问题就在于，既然疯癫已经“沉默”、依然被“压制”，那么福柯该怎么思考？这就是试图回归“零点”的思考，在“界限”上的思考。

据曾经在巴黎高师与福柯一起求学的同学回忆，福柯在巴黎高师求学时，他的面容已经略带老相：头上的短发已经开始变得稀疏，眼睛掩藏在厚实的镜片后面，可能是长期戴眼镜的缘故，他的眼睛稍稍后陷。他给人留下的形象是一个“老面的智者”。同学用德文的谐音给福柯起了一个外号：“狐狸”(Fuchs)，这个词的发音恰恰和福柯名字的发音类似。这不仅仅是形容他的相貌，也形容他的思考方式：表面平静，内心却充满了狡猾的智慧，伺机而动。狐狸天性多疑，这恰好符合福柯思考问题的多疑态度。

福柯是一个怀疑主义者，这里的“怀疑主义”并不是传统意义上的，例如休谟对因果论的怀疑，也不是指在笛卡儿式怀疑的意义上使用这个词，而是指福柯对传统思想的一种怀疑的态度。可以说在福柯思想的不同时期、关注的不同领域都体现出他是一个怀疑主义者，但是福柯并不是为了怀疑而怀疑，也不像笛卡儿一样试图通过怀疑找到理论大厦的基点，或者通过筛掉“沙子”，找出思想坚固的“基石”。毋宁说福柯通过怀疑试图让人们重新认识我们自身的历史：我们的认知模式是如何在历史中形成的；在认知模式的不断变化的过程中，我们抛弃了什么，选择了什么；我们在做出这种选择的同时，为此付出了什么样的代价；为何会有知识模式的转换，这种演变和转换又同知识之外的其他事件的关系是怎么样的等这些问题。福柯试图告诉我们：传统的历史学以及其暗含的形而上学观点如同一个迷梦，它所宣扬和允诺的进步、解放等一切，如同基督教所允诺的“天堂”一样是看不见、摸不着的，而在历史上有其发生、演变、转换乃至消亡的历史。福柯仿佛希望我们真实的认识我们自身的历史，不带有虚妄的、伪造的先见认识人类自身的历史。

福柯是一个典型的带有强烈批判性倾向的思想家。福柯经常谈起，他自己对于看到的任何自然事实都持有一种批判和怀疑的目光。他所做的正如他所说的，我们在他的著作中到处都能体会到这种感觉。那么福柯的思想主要批判和质疑了当今社会的哪些领域，哪些固有的观念，哪些被看作自然的价值取向呢？

举例来看，理性在现代人固有的观念中，仿佛本身就带有某种合法性，尤其是在启蒙运动时，在人们所寄予的希望中，理性被放到了一个重新定义人在宇宙中的地位和合法性的高度。然而在《疯癫与文明》这本著作中，福柯分析了理性与疯癫关系的演变史。

福柯指出，自中世纪以来，西方社会中有关疯癫的话语经历了几个历史阶段。在中世纪，疯癫被视为神圣的东西。在文艺复兴时期，疯癫成了一种特殊的冷嘲热讽式的理性，当时的愚人船就是这种观念的产物，它承载着这些疯癫的人从一个城市驶向另一个城市。在文艺复兴时期，疯癫并没有给社会带来恐惧，疯癫是理性之外的意义王国，在理性与非理性之间，存在着许多社会的和知识的联系途径。在文艺复兴时期的人们眼中，疯癫仍有其特殊的意义，虽然带有某种不可理解性。到了17世纪中叶，疯癫已经是处在理性边缘的东西了，原来承载这些愚人的船被医院所代替。在欧洲，中世纪用于关押麻风病人的收容所被改造成了医院。自十字军东征结束以来，麻风病的绝迹曾经使这些场所空闲，如今精神上的这些“麻风病人”将被关进这些医院。虽然原来的麻风病人已经消失，但是这些建筑和收容所所体现的仍然是那些依附在麻风病人身上的价值和形象。在文艺复兴时期，疯癫还没有被当作是一种疾病；在古典时期，疯癫就成了一种懒惰的疾病。理性主义者对于这种非理性"疾病"的称谓和处理的方式,充满了道德的意味。在这些场所之内,并没有实施精神疗法的打算,这些医院关心的是"隔离"和"纠正"病人的行为。而到了18世纪末,这些病人被当作精神病人并且进行治疗,精神病院便在这个时期开始出现。这些疯癫的人一旦到了精神病院,必须通过一种心理学的测试,通过精神上的拷问和治疗,由自责来达到心理上的康复。这个时代,人们已经不能容忍疯癫的话语,疯癫被彻底地当作一种必须被隐藏、被诊断、被控制的对象。非理性与理性之间的对话已经不再可能,非理性也不再是理性之外的王国,它必须被理性所控制、所吸纳,但是又必须被放到边缘地域。福柯讲道:"精神病学的语言是关于疯癫的理性独白。"①福柯在《知识考古学》一书的前言中提到:"我的目的不是撰写精神病学语言的历史,而是论述那种沉默的考古学。"②沉默指的是疯癫的沉默,理性发展的历史是对疯癫压制、隔离、控制的历史,这是理性的胜利,是理性对非理性征服的历史。以上就是福柯对理性的历史的分析和质疑,他没有明确地表明自己的态度,但是其字里行间是非常明显的:理性并没有想象中的那么神圣,理性的高高在上只不过是对非理性的排斥和征服。人类文明史所谓的"文明"也不过是充满了肮脏和血泪的历史。《疯癫与文明》透露出福柯对理性的拒斥、对超验的质疑,并试图正面肯定"非理性"的价值。

福柯对理性的控诉,深深地体现出他对于以标榜理性和自由的西方文化所崇尚的人本主义的怀疑。福柯曾被外界称为反人道主义者是有据可循的,这深刻地体现在他对于西方不同时

---

① [法]米歇尔·福柯:《知识考古学》,谢强、马月译,三联书店2007年版,第3页。

② [法]米歇尔·福柯:《知识考古学》,谢强、马月译,三联书店2007年版,第3页。

期知识状况的考查而得出“人之死”的结论中。福柯的“人之死”道出了把人作为认知中心这一认知模式产生、演变和逐渐趋于消散的历史，也指出了从人的有限性为起点去把握人的这样一种思维模式的不可行性。福柯不仅仅试图告诉我们以人为中心的认知模式是在历史上产生的，也会在历史的长河中消逝，更重要的是福柯从这种认知模式的消逝中，表达了对奠基于人的有限性思考之上的人本主义的某种不信任和失望态度。为何“人之死”，不仅仅具有知识的角度，也具有道义的或者说是价值的角度？福柯曾经对道出“人之死”这一观点的《词与物》一书做出评论：“在《词与物》一书中，我说明 18 世纪末 19 世纪初人是有哪些部件和哪些碎片组成的。我尝试指出这以形象的现代性特征。我觉得该书重在指出，人们之所以想到要科学地认识人类并不是出于对人的伦理关注，恰恰相反，是因为人们首先把人建构成一门可能的学问的对象，才使得现代人文主义的所有伦理主题得以发展。”[①]福柯所指“人之死”中的人正是这样的学科对象，“人之死”正是作为学科内容的知识形象的人的消失，既然学科的对象消失了，那么，在这个对象基础上所发展起来的伦理主题和人文主义当然就会随风飘逝，人荡然无存，如同海边沙滩上的孩子们玩耍的图画一样，被海浪的冲刷所带走。既然这样还会存在着人文主义吗？还会存在着对于人的主题的伦理和道德的诉求吗？福柯称这种关于人的有限性、以人为出发点和认知对象的思维模式为“人类学”，福柯认为人类学构成了一个基本的排列，这个排列统治和引导了从康德直到我们今天的思想，这种思维的方式是根本的，这就是西方历史的一个组成部分。但是这种认知模式在语言学、精神分析学等的兴起中渐渐地趋于崩裂和消散，福柯说：“对于所有那些还想谈论人及其统治或自

① 杜小真编选：《福柯集》，上海远东出版社 1998 年版，第 79 页。

由的人们，对所有那些还在设问何为人的本质的人们，对于所有那些想从人出发来获得真理的人们，相反，对所有那些使全部认识依赖于人本身之真理的人们，对所有那些若不人类学化就不想形式化、若不非神秘化就不想神话学化、若不直接想到正是人在思维就不能思考的人们，对所有这些有偏见和扭曲的反思形式，我们只能付诸哲学的一笑——这就是说，在某种程度上，付诸默默的一笑。"①

为何福柯的思想带有这样一种怀疑和批判的特征？尼采曾经以极大的兴趣研究过民间传说中关于古希腊许多圣贤的奇闻轶事。尼采认为，在任何哲学中，真正的无可辩驳和带有与众不同的特色的东西都是"个人的"东西。同时，尼采还说，通过这个人生活中的三个轶事就能了解这个人的基本概貌。也许，这种想法用在福柯身上也是很有道理的，因为在福柯的内心深处始终隐藏着关于童年某种"魔咒式"的记忆。福柯在童年的时候曾经被父亲强迫着观看了一次截肢手术，据说他父亲当时是为了锻炼福柯的胆量，并且也希望他能继承家族的基业。福柯在去世前曾经告诉过几个朋友关于这件事的回忆，他提起并且试图描述当时的场面，这个场面无疑带有着梦魇式的色彩：虐待狂式的父亲、软弱的无力抵抗的孩子、刀子深深地划入皮肉以及露出的白色骨头，福柯对医学话语的抵制、对规训技术的思考，也许就体现了他难以摆脱对这种梦魇的纠缠 。还有一件事就是福柯的童年是在二战战火当中度过的。福柯自己曾明言对于战争的反感，并且他的思想探索始终也没有放弃对"种族主义"的思考，尤其是他在法兰西学院的讲稿《必须保卫社会》《生命政治的诞生》中分析了"种族主义"的问题，福柯通过分析权力是如何渗透到生命的领域，生命是如何成为权力的管理的对象和目的的，

① 福柯：《词与物》，莫伟民译，上海三联书店 2001 年版，第 447 页。

福柯得出结论:"现代种族主义的特殊性以及成为它的特殊性的东西,与思想、意识形态、权力的谎言没有联系,而是与权力的技术,与权力的工艺有联系。它使我们与种族战争和这种历史的可理解性处于最远的位置,处于可以使生命权力运转的机制中。因此,种族主义与国家的职能相联系,后者被迫利用种族、种族的清洗和种族的纯洁来行使它的统治权。通过生命权力,使人死的权利的古老统治权的职能导致了种族主义的职能、建立和复活。我认为,这里就是它实际上的根源。"[①]福柯的《必须保卫社会》是 1976 年的讲稿,可见二战的阴影始终没有离开福柯。

同时,福柯对传统的历史主义还持一种批判的态度,尤其以黑格尔为代表的历史主义态度的拒斥。这是与福柯对于传统历史观背后的形而上学因素的否定和不信任是有直接关联的。传统历史观认为历史是不断进步的,历史的起源在社会发展中起着至关重要的作用,历史规律对社会发展起支配作用,历史的发展是趋向于某种终极目的的,历史的发展是连续的总体性的发展。与传统历史观不同的是,在福柯看来,这是一种对真实历史的逻辑虚构。福柯认为真实历史的起源是微不足道的;历史并不是连续的,而是布满了断裂、冲突、褶皱和偶然性;历史也并没有一个终极的目的。这是一种超验的历史主义视角下的认知结果。他认为,传统历史观是与哲学形而上学的本质主义和理性主义必然论相互糅合的产物,是启蒙运动带来的人类社会进步观的自我虚幻化。

福柯一方面对传统的形而上学的历史观持一种排斥和反对的态度,另一方面他又试图通过自己的努力展示一部真实的历史。这部历史展示的是多个领域、多个层次的历史,它涉及疯癫

---

① [法]米歇尔·福柯:《必须保卫社会》,钱翰译,上海人民出版社 2010 年版,第 197 页。

的历史、医学的历史、不正常的人的历史、性经验和性观念的历史等方面。

在接受采访时，福柯常常喜欢别人把他理解为一个历史学家，而不是一个哲学家。在1977年的一次采访中，福柯被问到“你已经好几次把自己说成是历史学家了。这是什么意思？为什么是‘历史学家’而不是‘哲学家’呢？”[①]的时候，福柯道出了自己对哲学颇有见地的看法：“如果以孩子的童话那样简单的形式来说的话，哲学长期以来的问题一直是：‘在这个一切都会死亡的世界里，什么东西不会消逝？’据我看，自从19世纪以来，哲学不断询问的则是：‘现在正在发生什么？我们这些也许只不过是正在发生的东西，又是什么呢？”[②]思想从来就不可能逃离政治和历史而存在。福柯喜欢别人把他当作一名历史学家，就是强调自己思想探索的历史之维度，这个维度的展开又是以“我们自身是什么？”为主题的。有的人认为福柯是历史学家，有的人认为他是一个哲学家，福柯到底是个历史学家还是个哲学家，这个问题已经显得不重要。重要的是福柯的真意到底是人怎么还会去相信启蒙理性所宣扬的自由、理性、进步？谁该为西方文明这一抹不去的悲剧负责？个人同这种历史洪流之间的关系是什么？为何会有种族主义的屠戮？这些始终是福柯不能回避的问题，也是他生命中的梦魇。福柯说这是他理论探索的核心，这种说法一点也不过分。在经历了这样的生命体验之后，很难想象一个人继续信仰所谓的“理性”“进步”这些价值观念，也许这就是福柯成为一个怀疑者的深层的“个人”原因吧。

福柯对西方文化的反思和批判涉及许多方面。福柯思想虽

---

① 包亚明主编：《权力的眼睛——福柯访谈录》，严锋译，上海人民出版社1997年版，第45页。

② 包亚明主编：《权力的眼睛——福柯访谈录》，严锋译，上海人民出版社1997年版，第45页。

然多变，但其毕生探索始终有一个魂牵梦绕、剪不断的思想主题，这在福柯自我的回述中已经变得明朗，那就是在历史之维下，对“我们自身是什么”进行追问。

福柯为何会对历史有着特别的迷恋呢？一方面福柯深深体味到历史事件与个人的生存之间的关系是如此的密切，人不可能不受到发生在他周围的历史事件的影响。福柯曾经回忆道：“战争的威胁就是我们生活的背景，我们生存的氛围。然后战争来了。我们记忆中更多地充斥着对世界大事的关注，而不是那些家庭琐事。我说‘我们’，因为我敢肯定法国那时的大多数男孩女孩都有同样的体验。我们的私人生活受到严重的威胁。也许正是出于这个原因，我对历史很迷恋，对个人的经验与重大历史事件的关系十分关注，我想这就是我的理论冲动的核心吧。”[①]在这段话中，能体味到福柯可能洞见的东西：人所经历的世事会深深地改变一个人的认知和生存的方式。按照这种观点去思考，那么福柯就可以去追问现代人——我们自身在经历了各种历史时代之后成为我们现在这样的自己，那么我们人类社会走到今天到底经历了什么？我们是如何在这些经历中变成了我们现在这样的自己？

另一方面，这与福柯自己受到的思想启蒙有很大的关系。福柯从小是一名成绩十分优秀的学生，但是在 1940 年后，他所在的学校来了大批外来的避难的学生，在竞争中，福柯的成绩不再像以前那样优秀，期末考试很多门功课不及格，福柯情绪变动比较大。迫于这个原因，福柯被转到一所由耶稣会主办的教会中学——圣斯坦尼斯拉斯学院。福柯后来谈到他并不喜欢这个学校，但是该校的一名叫蒙萨伯尔的历史老师却深受福柯的喜

① 包亚明主编：《权力的眼睛——福柯访谈录》，严锋译，上海人民出版社 1997 年版，第 5 页。

爱。再到后来，福柯第一次参加巴黎高师的考试失利之后，在巴黎亨利四世中学预备班学习，准备第二次的巴黎高师入学考试。这所中学是法国的精英中学之一，当时这所学校的教师中最知名的就是学识渊博的哲学教师让·伊波利特(Jean Hyppolite)。他是战后法国黑格尔学派的代表性人物。在福柯入学后，伊波利特仅仅讲过两个月的课，后来受任于斯特拉斯堡大学教授职位而离开，但是就在这短短两个月的时间，伊波利特对福柯产生了非常大的影响，可以说就是这位老师的哲学课使福柯第一次感觉到哲学的魅力，我们可以回顾一下福柯对自己老师的深深敬意：1968 年，伊波利特去世，他在纪念文章中回忆道："战后那一届预备班学生都记得伊波利特的《精神现象学》导读课……我们所听到的不仅是一个教师的声音，而且还有黑格尔的声音，甚至有哲学本身的声音。我以为，他耐心呼唤出的那种现场感或亲近感是令人永志不忘的。"[①]这份敬意来自于伊波利特对于福柯的影响，具体的就是伊波利特对历史与哲学的看法：伊波利特受黑格尔和马克思精神的影响，坚定地认为历史是哲学的真实媒介。伊波利特关于哲学工作必须通过历史研究进行的信念，无疑是福柯从他的老师那里学到的对他影响最为持久的东西。法国学者埃里蓬也认为："伊波利特无疑是福柯命运中具有决定意义的启蒙者。"[②]

哲学思考必须在历史中进行的这一信念可以说贯穿了福柯思想探索的始终，人们称他的思想为"用非常规式方式思考"，可以说是对他思想的理解有所欠缺。就关于"用非常规式方式思考"思考的难以捉摸的特征，福柯在 1983 年的《何为启蒙?》一文中做了一个清晰的概括："我认为可以赋予康德在思考'启蒙'时

① 刘北成：《福柯思想肖像》，上海人民出版社 2001 年版，第 22 页。

② [法]迪迪埃·埃里蓬：《权力与反抗——米歇尔·福柯传》，谢强、马月译，北京大学出版社 1997 年版，第 19 页。

对现时、对我们自身所提出的批判性质询以某种意义。我认为，在此，这本身就是一种哲学探讨的方式，两个世纪以来仍不失其重要性和有效性。我们自身的批判的本体论，绝不应被视为一种理论、一种学说，也不应被视为积累中的知识的永久载体。它应被看作是态度、'气质'、哲学生活。在这种生活中，对我们是什么的批判，既是对我们之被确定的界限作历史性分析，也是对超越这界限的可能性作一种检验。"[①]福柯一生所做的无非就是这样一个工作，对"我们自身是什么"的历史条件和界限的分析，而这种分析是一种对历史的真实扩散和还原，是一种批判性的"考古学"分析，用福柯自己的话说就是"关于我们自身批判的历史存在论"。前面提到伊波利特对福柯的启蒙影响，但是对福柯产生影响最大的是德国的思想家尼采。

第二节　尼采思想对福柯的影响

福柯曾经明言自己深受尼采的影响，并因为其思想风格和思想内容带有尼采的影子，被西方学术界称为"法兰西的尼采"。福柯思想中的许多术语，如权利、谱系学、疯癫等，我们都看到尼采的痕迹。但是福柯与尼采是如何"邂逅"的？尼采的思想对福柯产生的影响具体体现在什么地方？福柯曾明言自己是"尼采主义者"，但其思想与尼采又有所不同，福柯这样说的原因是什么？这些问题还没有得到具体的研究和解释。

尼采的思想不仅影响了福柯关于理性、权利的认识，而且影响了福柯进行思想探索的方法，其中最突出的体现在三个方面：首先，尼采认为思想的探索首先是关于探索者个人生存的反思，必须在自我状态的存在中进行。其次，尼采在探索思想主题方

---

① 杜小真编选：《福柯集》，上海远东出版社 1998 年版，第 542 页。

面对福柯有深刻的影响。福柯毕生都在探究和分析渗透在现代社会的各个具体领域的知识和权利对人的塑造，描述现代人的主体性生成。探求人的历史生成性而不是人的本质，在这一点上，尼采对福柯产生了巨大影响。最后，福柯认为尼采的思想为自己的思想探索提供了空间。正是尼采的思想在这三个方面的影响，福柯才认为自己即使与尼采的思想不同，但自己仍然是“尼采主义”的。这一尼采式的求索就是福柯一生思想脉络的写照，福柯曾经在《疯癫与文明》的法文版前言中声称自己是“处于尼采式求索的阳光之下”。

福柯临终前的最后一次访谈发表于 1984 年 6 月法国杂志《消息》上，访谈的标题是：《惊奇与欺骗的“双重游戏”》。在这篇访谈中，福柯总结了自己思想中一些重要方面，尤其涉及其思想主题、风格、影响自己的思想家等内容，在谈到自己的思想内容时讲道：“我想澄清三类问题：真理的问题，权力的问题，还有个人行为的问题。这三个经验领域只能在相互的联系中才能被理解，而不能割裂开来。”[①]当谈到关于自由与真理的问题时，问者提到海德格尔，并且询问福柯谈论自由、真理的思想是否受到海德格尔的影响时，福柯回答道：“对我来说，海德格尔一直是非常重要的哲学家。我一开始是阅读黑格尔，接着是马克思，然后在 1951 年或者是 1952 年，我开始读海德格尔；大概在 1952 年或 1953 年——我记不准了——我开始阅读尼采。……阅读海德格尔决定了我全部哲学的发展道路。但是我认为尼采要超过他。”[②]福柯通过阅读海德格尔的著作而认识了尼采，福柯说：“我是个尼采主义者，我希望某些方面，在可能的情况下，借助尼

① 包亚明主编：《权力的眼睛——福柯访谈录》，严锋译，上海人民出版社 1997 年版，第 110 页。

② 包亚明主编：《权力的眼睛——福柯访谈录》，严锋译，上海人民出版社 1997 年版，第 116 页。

采的文字，来对这个或那个领域进行观察研究——但是也有反尼采的观点（但是这一点又是尼采主义的！）。”①

福柯与尼采是如何“遭遇”的，福柯的话语中的含义是什么，这些问题需要得到分析和解释。1953 年 8 月，福柯同自己的朋友平盖（1931～1991 年，后在日本担任法语学院院长，研究日本文化中的自杀问题）开车到意大利的罗马度假，福柯喜欢美丽的自然风光，但是这一次的度假他却对意大利的美丽风光和古典艺术都心不在焉。他随身带着一本德语和法语对照的尼采的著作《不合时宜的思考》。在罗马的半个月里，他完全沉浸在这本书之中，这样的痴迷程度让他的朋友平盖很惊讶。根据平盖的回忆，他们在度假期间总是感觉时间匆匆忙忙的，但是哪怕有半小时的休息时间，无论是在美丽的海滩上沐浴阳光，还是在咖啡馆的阳台上小憩，福柯总是打开尼采的这本书，接着往下读。福柯对于自己这次阅读尼采著作的印象非常深刻，他自己回忆说：“当时，尼采是一个启示。我是满怀激情地读他的书，并改变了我的生活。……我有一种无法自拔的感觉。由于读了尼采的著作，我完全变了一个人。”②

为什么会是尼采，尤其是尼采的这本《不合时宜的沉思》，会对福柯产生如此大的“震撼力”？《不合时宜的沉思》是尼采写于 1873～1876 年的四篇论文，它们分别是《施特劳斯——表白者与作家》《历史学对于生活的利与弊》《作为教育者的叔本华》《瓦格拉在拜雷特》，这四篇论文写于第一部作品《悲剧的诞生》受到冷遇之后。该书问世以后，他受到来自思想界的很多批评，尼采在瑞塞尔大学开设的冬季研讨班也随之取消。学术上的挫折和身体上的疾病（胃功能失调、严重近视、神经紊乱等），使尼采感

---

① 包亚明主编：《权力的眼睛——福柯访谈录》，严锋译，上海人民出版社 1997 年版，第 117 页。

② 刘北成：《福柯思想肖像》，上海人民出版社 2001 年版，第 56 页。

到越来越孤独，对于自己的思想将去向何处、自己将成为什么样的人，尼采感到从未有过的彷徨。正是在这样的遭遇之下，尼采写下了《不合时宜的沉思》中的四篇文章。据美国学者詹姆斯·米勒研究认为在这本书中，尼采以各种各样的方式表达着他寻找自己的目的、自己的“特别必然性”的探索和努力。米勒先生说：“他后来解释道，《不合时宜的沉思》提出了‘关于我的未来，……我的内心深处的历史，我的变化趋势的一种看法’。”①在这四篇文章中，最能体现尼采自己的思想历程的是《作为教育者的叔本华》一文，“它阐明了已成为尼采自己终生寻求的目标的内在逻辑，这一目标即：理解［如《瞧，这个人！》(*Ecce Homo*)的著名的副标题所说的］‘人怎样成为自己(How one becomes what one is)’。”②福柯的个人图书室里就藏有那本自己标满阅读记号的《不合时宜的沉思》。詹姆斯·米勒研究看到：“在‘作为教育者叔本华’一文中，福柯标出了尼采的一段关键性的话：‘对于人必须破解的那个谜，人只能在存在中，在作为自己而不是其他什么东西的情况下，在不可变化的自我状态下，去加以破解。’”③我们可以看出，尼采的思想不仅仅是对时代精神的关注，也是对自己人生的一种反思和探索，正是在这一点上，引起了福柯的“共鸣”。

福柯属于在第二次世界大战前后长大的一代人。成名后的福柯很少谈到自己的童年和少年时代的生活，即使偶尔谈到，也往往表达出一种鄙夷和愤愤之情，这与第二次世界大战的阴冷岁月对福柯的影响是分不开的。据福柯自己回忆：“在我 10 岁

① ［美］詹姆斯·米勒：《福柯的生死爱欲》，高毅译，上海人民出版社 2003 年版，第 91 页。

② ［美］詹姆斯·米勒：《福柯的生死爱欲》，高毅译，上海人民出版社 2003 年版，第 91 页。

③ ［美］詹姆斯·米勒：《福柯的生死爱欲》，高毅译，上海人民出版社 2003 年版，第 91 页。

或是11岁的时候，不知道自己应该变成德国人呢，还是继续做法国人。我们不知道自己在轰炸的时候会不会死掉。我16、17岁的时候，只知道一件事：学校是块净土，不受到政治的干扰或是其他的外来压力的威胁。我一直喜欢让安谧的学术氛围来保护我。对我来说，知识的作用就是保护个体的生存，并对外部世界进行理解，仅此而已。知识通过理解活动构成生存的手段。"[①]正是在此，我们看到：福柯与尼采在对于知识、思想与个人生存的关系上产生了"共鸣"，尼采的求索变成了福柯自己的求索：知识和思想的探索是与我们自己的个人生存息息相关的，思想的探索应该成为反思我们自身的道路，尼采对自己的思想道路的反思就是这样一种体现。福柯受到尼采的思想的影响首先就体现在这一点：福柯认为对思想的探讨首先是关于人自己生存的反思和探索。

福柯虽然认为自己的思想探索是"尼采主义式"的，但是自己与尼采的思想是不同的。其不同点在于：尼采主要是运用谱系学分析基督教的道德来理解现代人的历史性生成，而福柯则认为现代人的主体性是知识和权利下的历史性产物。

1889年，长期不被人理解的尼采在疾病和孤独的折磨下，在意大利都灵的大街上抱住一匹正在受马夫虐待的马的脖子，最终失去了理智。数日后，他的朋友奥维贝克赶来都灵，把他带回柏林，尼采进入了他的生命的最后十年。《论道德的谱系》一书写于1887年，是尼采进入精神失常状态的两年前，这本书所体现出来的语言的流畅、思想的深刻性很难让人相信尼采后来的人生会在精神失常中度过。那么，尼采的《论道德的谱系》讲述了些什么呢？这本书的主要内容是：通过对道德进行历史性

---

① 包亚明主编：《权力的眼睛——福柯访谈录》，严锋译，上海人民出版社1997年版，第5页。

的谱系，以道德的起源为起点，分析了道德的演变、转化的历史。而尼采的目的就是希望通过对道德历史的谱系和描述，来解释了现代人的生存状况，谱系成为一种回忆性的记录和描述。道德谱系的历史就是讲述现代人的道德是如何起源、演变、形成的，描述现代人的道德主体性的历史性生成。尼采认为："我们没有自知之明，我们是认识者，但并不认识我们自身。这里的原因很清楚：我们从未追寻过我们自己。"[①]尼采的思想探索就是试图通过谱系道德的历史来认识我们自己，认识当下的"我们"。尼采在历史的视域中询问："究竟什么是我们的善与恶的起源。"[②]尼采没有局限于这个问题，而是把它转变为："人在什么条件下为自身构建了善与恶的价值判断？这些价值判断本身又有什么价值？迄今为止它们是阻碍还是促进了人的生成？""让我们公开它——这个新要求：我们必须批判道德的价值，首先必须对这些价值的价值提出疑问。"[③]

尼采认为高贵和等级差别的激情，一种关于上等人、统治者与卑贱者、"下等人"关系的持续、主导的总感觉和基本感觉，就是"好"与"坏"的相对立的起源。尼采通过对"好"的名称的词源学考据找到了把握"善"的起源的工具："我在这里发现，这些名称统统都归到同一个概念的转化上——社会等级意义上的'高尚'、'高贵'等上的'好'，即'精神贵族'意义上的'好'。一种演化总是与另一种演化并行发展的，这就是'平凡'、'俗气'、'低

① [德]尼采：《论道德的谱系·善恶之彼岸》，谢地坤、宋祖良、程志民译，漓江出版社 2007 年版，第 3 页。

② [德]尼采：《论道德的谱系·善恶之彼岸》，谢地坤、宋祖良、程志民译，漓江出版社 2007 年版，第 4 页。

③ [德]尼采：《论道德的谱系·善恶之彼岸》，谢地坤、宋祖良、程志民译，漓江出版社 2007 年版，第 6～7 页。

级'等词汇最终演变成'坏'的概念。"[①]尼采认为这是对道德谱系的一个最深刻的洞见。在这个演变的过程中，基督教的僧侣阶层是始作俑者，他们通过"道德上的奴隶起义"颠覆了尼采眼中所肯定的希腊和罗马的高贵精神品质，而"道德上的奴隶起义"指的则是以基于一种"怨恨精神"反对希腊和罗马社会中充满热爱和肯定生命的高尚精神。尼采认为一切高尚的品德都应该来自一种凯旋般的自我肯定，而奴隶道德从一开始就对"外在""他人""非我"进行否定，"怨恨"来自于生命"力量感"的颓废和缺失，他们不能用行动做出真正的反应，而只会通过幻想中的复仇获得自我满足和肯定。这是罗马统治者与犹太人之间的"战争"，罗马统治者与当时的被统治者之间的斗争是历史上的事实，而尼采则是在精神领域分析这个"战争"的，这不难理解，任何统治与反抗的斗争不仅仅包括军事上、政治上的斗争，文化层面上的对抗也是显而易见的，而尼采却认为正是在这个层面上，犹太人的"耶稣"最终战胜了罗马的"神"。正是基督教的道德约束软化了罗马人"嗜血"的本性和内心潜藏的暴力的"猛兽"，让它"归顺"。这就是尼采认识到的"善"与"恶"的来源。

尼采谱系了"善"与"恶"的来源，同时还分析了"罪孽"这种道德的来源。尼采认为"罪孽"起源于"欠债"这个非物质的概念，尼采说："我已经猜到了：它来自于债权人与债务人的契约关系，这种关系与一般的'权利主体'的存在同样地古老，而且还可以把它追溯到买、卖、交换、商业和交通的基本形式那里。"[②]尼采认为最古老、最原始的人际关系就是买主与卖主、债权人与债务人的关系，在这方面首先是人与人之间的关系，是人与人相比

① ［德］尼采：《论道德的谱系·善恶之彼岸》，谢地坤、宋祖良、程志民译，漓江出版社 2007 年版，第 14 页。

② ［德］尼采：《论道德的谱系·善恶之彼岸》，谢地坤、宋祖良、程志民译，漓江出版社 2007 年版，第 43 页。

较的关系。制定价格、衡量价值、设想和交换等价物，这样一些基本的活动最先占据了人的原始思维。尼采分析认为："我们的称谓'人'(manas)或许表达的正是这种自我感觉：人把自己称为衡量价值、评估和确认价值的存在物，是'自身就会计算的动物'。"①尼采认为地球上的一切"善良""公道""善的意志""客观性"的开端都是源自于这样一个正义最古老的、最纯朴的道德标准："任何事物都有其价格；一切东西都可以买断。"②而"罪孽"和"责任"就产生于这样一种古老的人与人之间的关系中，债务人向债权人偿还债务是必须要做到的"责任"，如果无法偿还就会产生"罪孽"感。在这里，尼采也暗指了基督教道德中人与上帝的关系，基督教的宗教观念中就认为人与上帝之间是"欠债"与"还债"的关系。亚当与夏娃在伊甸园犯下的"原罪"成了人类破坏自己与上帝之间的契约时欠下的"永久债务"，这是一种"罪孽"，是对上帝的"责任"，人类只能在"原罪"的枷锁下拖着沉重的身躯朝向上帝而"赎罪"。这就是尼采所理解的"罪孽"感的来源。

尼采最后谱系了"禁欲主义"的道德，尼采发现禁欲主义者身上表现出来一种十分荒谬的状况，就是"禁欲主义"是一种特殊的生命价值，它"以生命反对生命"，通过扼杀生命本有的许多欲望、激情等来反对生命，从表面上看起来这是一种"自残"。尼采认为这种认识只是暂时性的表达、解释，这种现象的本质却一直被禁锢在人类知识的夹缝之中。尼采说："禁欲主义的理念起源于一种正在衰退的生命的自我保护和自我拯救的本能，这一

---

① [德]尼采：《论道德的谱系·善恶之彼岸》，谢地坤、宋祖良、程志民译，漓江出版社2007年版，第44页。

② [德]尼采：《论道德的谱系·善恶之彼岸》，谢地坤、宋祖良、程志民译，漓江出版社2007年版，第45页。

生命竭尽全力维系全身，并为自己的存在而奋斗。”[①]尼采认为“禁欲主义”虽然是一种“无力”的意志，是一种求“虚无”的意志，是与外在的世界、幻觉、变化、生成相对抗的意志，是一种虚无的意志，一种仇恨生命的意志，但是它仍然是一种意志，是求生存的意志。尼采认为即使追求“虚无”总比无所追求好。

很多人认为道德是“先验”的，道德在生活当中约束、指导着人的生活，而尼采持怀疑的精神，他怀疑道德的“先验性”，而是通过把它纳入到历史的视域来分析和研究。尼采通过以考察道德的起源为起点，着重分析了善与恶、好与坏、人之良心等传统的基督教的道德价值观，指出建基于对生命的“怨恨”和“残酷本能”的基督教最终只能把虚无的“禁欲主义”当作自己的理念。尼采认为正是在这种“以生命反对生命”的道德正在把现代人引向虚无的深渊。尼采说：“我正是在这里看到了人类的巨大危险、人类最精致的迷惑和引诱——人类将被引向何处？走向虚无？我正是在这里看到了末日的来临，看到了停滞、回顾往事的疲倦、反抗生活的意志，看到了临终疾病的温柔而忧伤的启示。”[②]尼采正是基于对现代人的生活和文化状况的分析和判断，对于人类未来的担忧才去反思道德的价值，对这些价值的合法性和其背后的历史提出质疑。通过对基督教宣扬的几种价值的谱系学分析，揭开了“神圣的道德”面纱，揭露本身变为一种批判。而这种谱系学的研究和分析，是在历史境域中进行的，基督教道德的起源、演变和对人类生存活动产生的影响都是历史性的，现代人在基督教的道德中成为道德性的主体，现代人生存的“虚无”状况是基督教道德历史性培植的结果。

---

① [德]尼采：《论道德的谱系·善恶之彼岸》，谢地坤、宋祖良、程志民译，漓江出版社2007年版，第83页。

② [德]尼采：《论道德的谱系·善恶之彼岸》，谢地坤、宋祖良、程志民译，漓江出版社2007年版，第6页。

在谱系道德史的过程中，可以多次看到尼采对历史境域的重视，尼采认为对道德的分析和谱系必须首先在历史的境域中分析："显而易见，对道德谱系家来说，比蓝色重要百倍的是灰色，我想说的是原始文献、可以确定的东西、真实存在的过去，简言之，人类道德史的全部丰富的、难以辨认的象形文字的文献！"[①]同时，尼采批评传统的对道德进行研究的学者："目光短浅，有的只是'现代的'经验，他们没有知识，没有认识历史的意愿；他们还缺少历史的本能，这是这里必备的'第二种洞察力'，尽管如此，他们还研究道德史，其结果必然是廉价的，并与真实不相符合。"[②]而尼采则在历史性的视域中，通过谱系历史性的道德解释了道德的问题，同时也质疑了道德的价值，它并不像我们想象中那样是先验的、神圣的，带有"闪光"的光环，而是具有自身在具体的历史背景和条件产生的起源，并在一定的历史条件下发生不断的变化，并且人类本身也在这种道德中延续。可以说，尼采对道德的谱系就是对"我们自身的认识"，是对"认识我们自己"的思想探求。道德关乎我们人类自身的历史性的形成和当下的生存，是人生存的规则和界限，同时也是人的生存状态的体现。

尼采是通过对道德的谱系来分析现代人的历史生成性，而福柯则通过对话语和权利的分析来谱系现代人的历史性地生成。福柯在晚期发表的论文《何为启蒙?》中曾经总结性的回顾自己的思想道路，他在此文中指出应该赋予哲学所可能成为的一种更加积极的哲学气质，而这种哲学气质就在于："通过我们自身的历史本体论，对我们之所说、所思、所做进行批判。这种

① [德]尼采:《论道德的谱系·善恶之彼岸》，谢地坤、宋祖良、程志民译，漓江出版社2007年版，第8页。

② [德]尼采:《论道德的谱系·善恶之彼岸》，谢地坤、宋祖良、程志民译，漓江出版社2007年版，第43页。

哲学气质可以表现出具有'极限态度'的特点。"[①]尼采在《论道德的谱系》一书中对道德价值的质疑就是体现出一种"极限"思考的气质。关于"极限态度",福柯曾经在回忆阅读尼采的《快乐的科学》时谈道:"当你经历了庄重悠久的大学传统——笛卡儿、康德、黑格尔、胡塞尔——的训练后,翻开《快乐的科学》,读了这些十分新奇、睿智、优雅的文字,你就会说,我再也不去做我的同时代人、同事和教授正在做的事情,我不会打消这种想法。哲学思考的最大极限是什么,在这些文字里所能发现的流行哲学效应是什么?对于我来说,这就是尼采的挑战。"[②]从福柯思想探讨的领域,如疯癫、性、犯罪、精神病学可以看出其分析领域的边缘化的特征,而这恰恰都表达了哲学思想所能分析的"极限",福柯的这种思考的本质也是对于现代人的历史性生成的思考。但福柯与尼采不同点在于:尼采的分析集中于基督教的道德领域,而福柯的分析则集中于话语和权力领域。福柯对于疯癫、医院的病人、犯罪、性的思考主要是:在现代社会中,现代人是如何在医院、监狱、学校、军事部门这些具体领域中的"话语"和"权力"运作规则的约束和塑造下,成为现代人这个样子的。福柯看到现代人是在话语的"真理的游戏"中运作的,在这样的人类的行为实践中,主体自身又通过话语的"真理的游戏"得到了改变。

福柯通过对权力的谱系学分析得出:"我认为主体是在被奴役和支配中建立起来的。"[③]无论是"真理的话语",还是"权力的谱系",都是围绕着主体问题的分析。他在总结自己的思想时曾经说过:"你也许修正了自己的观点,可还是在同一个问题上绕

---

① 杜小真编选:《福柯集》,上海远东出版社 1998 年版,第 539 页。

② 刘北成:《福柯思想肖像》,上海人民出版社 2001 年版,第 57～58 页。

③ 包亚明主编:《权力的眼睛——福柯访谈录》,严锋译,上海人民出版社 1997 年版,第 19 页。

圈子，主体、真理、经验的构成之间的关系仍然保持不变。”[①]福柯的思想主题分析了现代人的“如是的生存状态”，而这种现实性状态在福柯看来是历史性生成的结果。

福柯曾经指出自己的思想与尼采的谱系学的关系：“今日我偏向于对尼采保持沉默……如果我想要自命不凡。那么我就将对我所从事的一切冠以‘道德谱系学’这个一般标题。”[②]福柯关于知识话语的分析和对权力的谱系是一般意义上的“谱系学”，之所以这样说，是因为福柯虽然与尼采分析的领域不同，但都是对现代人的所说、所思、所做的谱系学的分析，本质上就是对“主体的历史”的谱系。福柯思想的主题在某种程度上可以说就是关于“主体的历史”的探索，其早期的思想探讨的是在疯癫、医学领域、人文科学领域中，研究知识主体的历史生成；而中期则是通过监狱、性、学校等领域来探讨权力主体的历史生成；其后期思想则体现出福柯致思于伦理主体的历史性生成的努力。福柯曾经考查过流行的哲学思想思考主体的可能性的问题，他认为：“要找到出路，存在三条途径：——一种客观知识的理论；这当然是必须从分析哲学和实证主义出发探求它；——对各种指示系统的一种新分析；由此，语言学、社会学、心理学等引发了所谓的结构主义；——力图把主体纳入他在其中不断自我改变的修身和过程的历史领域之中。”[③]福柯选择的是第三条道路，把对主体的分析和解释纳入到历史领域之中，福柯认为自己既不是一个分析哲学家也不是一个结构主义者，因为福柯认为自己探讨的主题是“主体的谱系学”。福柯说：“我要探讨的是主体的谱系

---

① 包亚明主编：《权力的眼睛——福柯访谈录》，严锋译，上海人民出版社 1997 年版，第 17 页。

② 莫伟民：《主体的命运——福柯哲学思想研究》，上海三联书店 1996 年版，第 17 页。

③ [法]福柯：《主体解释学》，佘碧平译，上海人民出版社 2010 年版，第 407 页。

学，而且深知历史学家喜欢的是客体的历史，而哲学家喜欢的是没有历史的主体。这并不妨碍我感到自己与‘心态’史学家们有着一种经验的亲缘关系，以及在理论上受惠于作为哲学家的尼采，他提出了主体历史性的问题。”[①]正是尼采为福柯提供了一个思想探索的主题。

福柯在《词与物》一书中曾经指出：“在一束光线中，我们看到可能是当代思想的空间敞开了。总之，正是尼采为我们并且在我们出生之前就已经焚烧了辩证法和人类学之混杂的希望。”[②]“处于伟大的尼采式求索的阳光之下”这句话就具有了另外一层含义，那就是福柯认为自己的思想是处在尼采思想所打开的思想空间之中。福柯在此谈到的新的思想空间指的就是思想在历史视域中的空间。福柯明言自己的思想主要受惠于尼采的“主体历史性”思想，这就是福柯对尼采的思想内容的开拓，可以说是尼采为福柯打开了思想的视界。这个视界——用福柯自己的话说就是：“这就是摆脱了一种在理论上十分容易、在现实中十分可怕的人道主义的模糊性；这也是指用对主体内在性形式的探究取代自我超越性的原则。”[③]福柯在尼采思想的启示下，认为主体的各种特性就是在历史的内在性中构成的。可以说，福柯的整个思想的道路都隐含在这个思想空间中，他认为对主体的探讨，不能从先验的角度，也不能从追问人的本质出发，而应该从真实的历史存在出发。

福柯为何说尼采焚烧了人类学和辩证法相互混杂的希望，认为思想已经不能再去思考自我的超越性，而应该去分析主体

---

① [法]福柯：《主体解释学》，佘碧平译，上海人民出版社 2010 年版，第 407 页。

② [法]福柯：《词与物——人文科学考古学》，莫伟民译，上海三联书店 2001 年版，第 342 页。

③ [法]福柯：《主体解释学》，佘碧平译，上海人民出版社 2010 年版，第 407 页。

的内在性形式？这就是尼采所说的“上帝死了”的思想，尼采最早提出这个思想是在《快乐的科学》一书中，他借街头一个疯子在大白天打着灯笼寻找上帝的形象隐约地道出了“上帝死了”的信号。在后来的《查拉图斯特拉如是说》中，又借查拉图斯特拉之口说出了“上帝死了”。他讲述的是当代人生存价值的虚无状态：人们已经不再信仰上帝了。尼采在此所指的“上帝”并不仅仅是指基督教的“上帝”，而更多的是指所有如“太阳”般照耀着人类生存的价值和设定，“死亡”则蕴含着其本质上就是自我的超越性原则的陨落。基督教认为世界分为世俗世界和天国世界，人类只有在信仰上帝的自我超越的过程中，才能走向天国。尼采却告诉世人：上帝已经死了。这一思想结论恰恰是在分析整个基督教的历史基础上得出的，这与传统的形而上学相区别。传统的形而上学往往带有本质主义和超验主义的特征，是关于超越性领域的探讨。尼采的思想揭示了自我超越性的虚假，对道德的谱系揭示出：基督教永恒的道德原则和价值理念也只不过是历史性的产物，在历史中产生、演变，也会在历史中消失。尼采运用历史的视角进行思想的探索，这对福柯产生了很大影响。福柯通过尼采看到了主体性就是在历史性中构成的，因此思想思考的空间在尼采之后成为在历史的视域下探索主体的内在性：“我认为有可能搞一部我们所做的一切的历史，它同时也是对我们自身的一种分析……总之，这就是去探究另一种批判哲学：这种哲学不是规定对象的认识条件和限定，而是规定主体转变的条件和无限的可能性。”①

基于福柯的所思、所言，不难理解福柯在总结自己的思想时称自己的思想为：关于我们自身的历史存在论。通过分析，福柯

---

① ［法］福柯：《主体解释学》，佘碧平译，上海人民出版社 2010 年版，第 408 页。

自己所说的深受尼采思想的影响的含义就是：自己的思想主题就是关于"主体的历史性生成"的问题。

第三节　关于我们自身的历史存在论

福柯在接受采访的时候，总是喜欢把自己当作一名"历史学家"。前面已经提到，这与福柯对于哲学本身的看法相关。福柯说："哲学长期以来的问题一直是：'在这个一切都会死亡的世界里，什么东西不会消逝？'据我看，自从19世纪以来，哲学不断询问的则是：'现在正在发生什么？我们这些也许只不过是正在发生的东西。又是什么呢？'因此，哲学的问题也是有关我们自己是什么的问题。所以当代哲学完全是政治性的，也完全是历史性的。它是内在于历史的政治，是和政治不可或缺的历史。"[①]"我们"有其自身的历史，"我们"在"自身"的历史发生、演变中成为了我们现在当下的如是之思、如是之是，成为了这样的一种主体，拥有着如此这般的认知的图式、存在方式。福柯眼中的"我们自身的历史存在论"问题也就转换为"我们自身是如何成为当下如此这般主体的(人)"，福柯提出"我们自身的历史存在论"这个术语是在他去世前不久的1983年发表的一篇题名为"何为启蒙？"的演讲文稿中，这篇文稿后来被收入到保罗·拉比诺(Paul Rab-inow)编选的《福柯读本》，也就是杜小真先生翻译的《福柯读本》。据拉比诺称这个读本的文章都是由福柯亲自选送的，足见这个读本在福柯眼中的重要性。通过这个举动，我们也看到福柯想让读者对自己思想的理解更加深入。

为何《何为启蒙？》这篇文章显得会如此重要？这篇与康德

① 包亚明主编：《权力的眼睛——福柯访谈录》，严锋译，上海人民出版社1997年版，第45页。

文章同名的作品绝对不是福柯不经意这样命名的，恰恰相反，福柯的目的就在于希望能借康德关于启蒙的思想来表达自己想说的东西。而在这篇文章中讨论的核心问题就是“关于我们自身的历史存在论”。可见，这个问题在整个福柯的思想中的重要性，可以说这个问题就是福柯对自己一生探索的总结。那么，福柯所说的“我们自身的历史存在论”的含义是什么？所谓“关于我们自身的历史存在论”，按照福柯的说法，并不是试图在不断消亡的世界中寻找永恒和普遍价值形式上的结构体系，而是要对决定着西方社会现状的最主要的话语类型进行考古学和系谱学的历史研究，揭示出建构和扩散这些话语的一系列事件，对这些历史事件进行历史性的审查，以便揭示西方人自身究竟如何通过他们自己所经历的事件，使自己成为现在这样的主体模式，以便由此真正发现现代社会中人的所思、所作、所为、行动和实践的“主体性”被建构的过程。

福柯说：“我们看到，这样导致的结果是，批判不是以寻求具有普遍价值的形式来进行的，而是通过使我们建构我们自身并承认我们自己是我们所做、所想、所说的主体的各种事件而成为一种历史性的调查”[①]，而这种“历史性的调查”在福柯看来，它的目的并不是为了寻找形而上学的合法性，不是为了在历史的视角之下论证形而上学何以可能，而是在于“批判在其合目的性上是谱系学的，在其方法上是考古学的。所谓考古学的，意指：这种批判并不设法得出整个认识的或整个可能的道德行为的普遍结构，而是设法得出使我们所思、所说、所做都作为历史事件来得到陈述的那些话语。而这种批判之所以是谱系学的，是从这个意义上说的：它并不会从我们所是的形式中推断出我们不可能做或不可能认识的东西，而是从使我们成为我们之所是的

① 杜小真编选：《福柯集》，上海远东出版社 1998 年版，第 539 页。

那种偶然性中得出不再是、不再做或不再思我们之所是、我们之所做或我们之所思的那种可能性。这种批判并不设法使形而上学成为可能,并最终使之成为一种科学,而是设法可能深远地重新推进自由之不确定性的作用。”[①]福柯在此,终于道出了自己思想的指向和目标。那么该如何推进自由之不确定性的作用呢?

福柯认为推进自由的不确定性的作用,不应该对此做一种肯定或者一种空洞的去幻想的态度,这种历史性的调查态度应该是一种试验性的态度。这项对我们自身的历史进行调查的工作,一方面应当打开历史性调查的领域,另一方面,应当在现实中接受考验。而这样做的目的在于把握住变化的可能性和方向,也是为了确定这种变化的准确形式。因此,关于我们自身的历史的调查就不应该是一种所谓的总体的和彻底的方案,应该是局部性的、细节性的、对历史真实材料的描述和整理。之所以会这样思考,是因为福柯深深体会到传统形而上学一而再、再而三地制定出的一个个总体性方案的虚假性和危害性:“事实上,我们从经验中得知,企图逃避现时的体系以制定出另一种社会、另一种思维方式、另一种文化、另一种世界观的总纲领,这只能导致最危险的传统卷土重来。”[②]福柯认为与其重新制定所谓的“总纲领”,不如在现时的社会领域中去调查一些部分的变化。这项工作就是我们“自身”寻找“自身”的工作,就是“关于我们自身的历史存在论”。

在前一小节的分析中,我们看到了福柯在读到尼采的《不合时宜的沉思》时的痴迷,痴迷是一种认同的执着,在这种执着中,声音穿透了文字,与心灵切入一致,福柯读尼采的书产生了极大

① 杜小真编选:《福柯集》,上海远东出版社 1998 年版,第 539～540 页。

② 杜小真编选:《福柯集》,上海远东出版社 1998 年版,第 540 页。

的共鸣，那就是哲学必须首先是对个人生存的反思和关注，这不就是福柯所说的对我们“自身”的关注吗？那么到底关注“自身”的哪个方面呢？福柯自己谈到过：“关于我们自身的历史存在”的批判是关于我们自身的“界限”的分析，我们自身的界限是什么？界限在何处？一系列模糊却又必须被获得解释的东西堵住了我们追寻福柯的道路。这是一种狂妄的、激烈的满怀“极限态度”的追寻和探索，福柯说：“批判正是对极限的分析和界限的反思。”[①]福柯在此所说的“界限”有其特定所指，他不是对既有的界限，对那些似乎是普遍、必然的界限进行寻找，这种探讨不是意欲带有目的性的要找到这种普遍的界限来重新为当下安排存在的秩序。与此相反，批判试图对越过这些界限的控制和约束的可能性进行探索。但是问题变得更加复杂，因为既然没有明确的界限，如何去越过？福柯在此反对传统形而上学那种把某种既定的界限和规则立于理论和价值的边界上的观念，因为福柯认为根本就不存在这样的普遍的界限，至于带有普遍价值形式的结构也是不存在的，这一切都是哲学的一种构造而已，在这再一次回荡起尼采的余音：没有真理，只有解释。这样的一种自我存在论的分析不寻求普遍价值，不寻找界限的稳定性，不寻求形而上学模式下的普遍必然性的结构。

福柯认为在历史之外，我们不能言说其他，关于我们自身，我们只能在历史的形式中去寻找，而所谓的“界限”就是历史事件确定了我们自身的界限，正是这些历史事件使我们将我们自身建构为行为的主体、思考的主体、说话的主体，福柯在此所指的界限就是“主体的界限”。这样的探寻不是为了得出这样的一个带有命令式的结论：在我们的存在中，我们应该做什么，不应该做什么，我们不会被锁定在某种形而上学结构中。越过“界

① 杜小真编选：《福柯集》，上海远东出版社 1998 年版，第 539 页。

限"意味着我们可能会打破这些历史中形成的我们自身的界限，正如福柯所说的促发一种新的可能性，这种可能性是我们不再思、不再做、不再是我们所是的可能性，这是试图在历史强制性规定我们自身的话语之外去寻找改变我们自身的可能性。福柯的"界限"概念是模糊的，是不确定的，无限迫近却又在分析和解释中不断地被推向前方，也许真的是无从把握。但是福柯自己还是隐约道出了界限之外："在对我们来说是普遍的、必然的、不可避免的东西中，有哪些是个别的、偶然的、专断强制的成分。"[①]这些偶然的、个别的东西在普遍性价值的结构体系中被抹去了存在的痕迹，消失在历史中，而福柯要去一次次地迫近这个界限，让这个界限不断地退后。在不断的后退中，这些偶然性、个别的东西将会出现它本身所特有的痕迹，在《疯癫与文明》中对于理性和疯癫还没有分界的"零点"的不断接近就带出了某些疯癫的东西，疯癫的痕迹到处可见，在这种东西中，"自身"被还原了、被展示了，而这种不断地迫近的过程和探索，福柯称为"考古学"。福柯思想中的"界限"概念指的就是利用"考古学"的方法试图找到的在历史中形成的条件和规则，在这些规则的塑造之下，我们成为我们的"如是"。但是，福柯不仅仅是为了描述我们自身的历史，而是为了寻找一种通向未来的自由的可能性，这种可能性使我们不再是"我们自身"。"关于我们自身的历史存在论"的具体内容是什么呢？福柯寻找的这种可能性又是什么？这些问题都是必须得到解释的问题，但是我们首先要理解福柯对于传统历史观的看法，因为福柯认为只有抛弃了这种传统的历史观，才能真实地展现"我们自身的历史存在论"。

① 杜小真编选：《福柯集》，上海远东出版社1998年版，第539页。

第二章　真实的历史

福柯在自己的著作中明确提出反对传统历史主义的历史观。在此，历史主义的历史观指的是：基于因果关系（或者存在着历史的必然性）的角度，认为人类的历史是一个一个在过去有起源并且在未来有连续性的总体化的过程。这种历史观认为历史的目的就是人的自我意识或者理性的实现，人类社会的预定目标的完成，合理性就是人类社会发展的终极目标。福柯极力反对传统历史观，他对这种历史观中几个代表性的观点都持一种质疑和批评的态度。福柯反对传统历史观对"起源"的盲目追求和神圣化，反对历史主义对历史连续性的过分强调，同时福柯认为人类的历史并没有一个终极的目的或者说终极的目标，人类的历史并不具有一个总体的目标。

在第一章的分析中，我们看到福柯一生的思想探索都是在分析"我们自身的历史存在论"，那么福柯对历史主义历史观的批评与他对"我们自身的历史存在论"的分析之间的关系是什么呢？为什么福柯会反对历史主义中的对于"起源""连续性""总体化"的观点？我们必须去试图解释这个问题，因为这也是我们描述和分析福柯对历史主义批判的具体观点和理论的出发点与缘由。从前面的分析中，我们不难发现，无论是从尼采对福柯的影响来看,还是从福柯在其著作中的表述和论证着眼,“关于我们自身的历史存在论”就是对于“主体的历史”分析和探讨,这必然要着眼于“历史”的视角。这位思想家在思想面前,有着一份“真挚”的执着;在“历史”面前,秉持一份敬畏。他试图去寻找真实的历史——真实的“主体的历史”。对历史保持一种什么样的态度,或者换一个说法,将会以一种什么样的理论视角来探索和思考,这是福柯首先必须回答的一个问题。福柯认为倾听真实的历史的声音,绝对不能从历史主义的历史观角度出发,因为在福柯看来,历史主义的历史观是与形而上学相互糅合的产物,这样一种历史观预设了先验主体的奠基和构造作用,而他恰恰不承认存在着一个至高无上的、起基础作用的主体——一个人们在到处都能发现的普遍形式的主体。在福柯看来,这样一种主体具有形而上学的虚构性,并不是一种真实的主体,这样一种主体的历史观必然会使真实的历史受到过分秉持主体特权的人类学和人本主义的束缚。而福柯想要分析的“主体的历史”是关于“主体”的真实的历史,而真实的历史并不存在一个支配着当下并且决定着人类社会未来发展的历史起源;真实的历史中充满着断裂、转折、褶皱和演变,真实的历史并不仅仅是连续性的历史;人类的真实历史也没有一个趋向于未来的总体性的终极目的。福柯抛弃了历史主义中的超历史视角的“主体”的架构作用,认为“主体”也有自己真实的历史境遇,主体也只不过是社会历史的产物,而这个分析正是福柯通过对理性与疯癫关系演变的历史、对医学历史、对监狱诞生的历史、对性史、对古希腊和罗马的自我修身技术的考查想要揭示的东西,对这些对象和领域的探索和研究就是福柯对真实的主体的历史性的回溯和描述。我们发现福柯对传统历史观的拒斥与自己对“主体的历史”的分析和探索存在着密切的联系,对主体的真实的历史分析必须抛弃历史主义历史观的观点和视角,同时,福柯对主体的历史的分析也在思想的路程中寻找一种真实，这个寻找就是福柯自己的思想之路，这也就是福柯自称的“关于我们自身的历史存在论”。因此，在此试图去描述和理解福柯是如何具体的反对这种传统的历史观以及它背后的形而上学因素，就显得非常必要。那么福柯是如何具体的阐述自己的观点的呢？

福柯对于历史主义历史观的观点比较集中于他的《知识考古学》一书和《尼采、谱系学、历史》一文中。福柯对于传统历史观的批判很有针对性，那就是对“起源”“连续性”“总体化”观点的拒斥和批判。

第一节　历史起源的“卑微性”

前面我们提到，福柯深受尼采思想的影响，这不仅仅体现在具体的思想内容上，而且也体现在方法上——谱系学的方法也是对尼采的谱系学方法的继承和运用，而福柯借助于尼采的谱系学来反对历史主义的“起源”的观点是一个比较具体的体现。福柯说：“谱系学不是一种在博学者鼹鼠般眼光看来高深莫测的哲学家视域而与历史对立；相反，它反对理想意义和无限目的论的元历史展开，它反对有关起源的研究。”[①]福柯认为在尼采那里，“Ursprung”（起源）有两种用法，其中一种用法并没有特别强调，而是与“Entstchung”（德语中指出身、出生）、“Herkunft”（德语中指来源）、“Geburt”（德语中指分娩）这样的术语替换使用。尼采的《道德的谱系》在涉及义务或负罪感时，谈到它们的Ursprung，在《快乐的知识》中谈到逻辑或认知时，尼采有时使用“Ursprung”，有时候使用“Entstchung”或者“Herkunft”。福柯认为这种用法在尼采那是比较平常的，并没有被特别的标注，

① 杜小真编选：《福柯集》，上海远东出版社1998年版，第146页。

而另一种用法却被特别地强调了。福柯说:“事实上,有时尼采把它(福柯这里指‘Ursprung’)与另一个术语相对立:《人性,太人性了》第一段将形而上学寻求的神奇起源(Wunderursprung)与一种历史哲学的分析工作对峙起来,后者就 Herkunft 和 Anfang(德语指开始)提问。”[①]福柯认为尼采在思想的早期并没有突出 Ursprung 和 Herkunft 的区别,而在后期的著作中,尼采突出了二者的区别,并采用的是 Herkunft 这个词。福柯自问自答道:“为什么谱系学家尼采,至少是在某些时候,拒绝研究起源(Ursprung)?因为首先人们总是在起源中收集事物的精确本质、最纯粹的可能性、被精心置于自身之上的同一性、静止并异于一切外在、偶然和连续的东西的形式。寻求这样的起源,就是试图找到‘已然是的东西’,找到一个与其自身完全相似的意象的‘那个自身’;这就是把所有本应发生的枝节、计谋和伪装当作外在和偶然的东西;这就是要着手扯去一切面具,最终揭示出源初的同一性。”[②]在此,起源在黑格尔的意义上其实预设了特定的终点(目的),须由终点获得界定和理解。由此,时间上在先的东西获得了逻辑在先的地位,起源与终点二者之间存在着目的论式的有机关联。作为非黑格尔式的德国思想家,尼采对这一套显然不能同意。福柯认为尼采之所以这样做就是因为他热衷于倾听历史真实的声音,而不是去盲目的信仰形而上学。同样,当人们做到这一点时,人们就会清醒地发现在历史的开端真实存在的东西并不是依然保持着事物的同一性,而是各种其他事物的不一致性,是不协调。“一切事物背后都有着‘完全不同的东西’:不是什么无日期的、本质性的秘密,而是事物没有本质,或其本质是用完全不同的形象一点点制造出来的这一秘密。那

① 杜小真编选:《福柯集》,上海远东出版社 1998 年版,第 147 页。

② 杜小真编选:《福柯集》,上海远东出版社 1998 年版,第 148 页。

么理性呢？它以一种完全‘合理的’方式——从偶然中产生。对真理和科学方法的严格性的迷恋呢？产生于学者们的热情、相互仇恨、狂热的并且反复进行的争论以及争强好胜的本性——伴随着私人性的争斗，武器被慢慢地锻造出来。自由呢，在人们的根底里，难道不正是自由把他与存在、与真理联系起来的吗？实际上，它只是‘统治阶级的发明’（福柯在此指的并不是马克思意义上的特定阶级，而是指拥有真理性支配权的群体）。”①

福柯认为真实的历史事实同样也嘲笑了历史起源的严肃性。历史主义的历史观认为：事物的起源往往带有某种特殊性的光环，起源是高贵的，一切事物在开端时是更珍贵、更本质，只要抓住了历史的这一光辉时刻，就抓住了历史的命脉。人们倾向于认为在事物的起点上，事物是完美的：“它们出自造物主之手，流光溢彩，沐浴着黎明时分无阴影的光照。起源总是先于堕落、先于肉体、先于世界和时间；它在众神之侧，讲述它的神谱广为传唱。”②恰恰相反，福柯认为历史的开端是卑微的，是微不足道的、具有讽刺意味的、足以消除一切自命不凡的自我幻象。福柯借尼采的话讽刺道：“人们试图通过展示人的神圣的降生来唤醒他的自主感：现在这成了一条死路；因为在它的入口处站着一只猴子。”③福柯在此讽刺的就是把“人”的地位过分抬高的形而上学思想（福柯在此暗示人类中心主义的思想，福柯称为“人类学”或者“人本主义”），“人”本身并没有天赋的神圣光环，因为人只不过是“猴子”的“后代”而已。

同时，福柯认为起源是真理的所在这种观点同样是不真实的。起源是真理的所在这样一种观点预设了知识的绝对的回溯点，它是认知的先决条件，而知识却不断地在遮蔽它，并在语言

① 杜小真编选：《福柯集》，上海远东出版社 1998 年版，第 148 页。

② 杜小真编选：《福柯集》，上海远东出版社 1998 年版，第 149 页。

③ 杜小真编选：《福柯集》，上海远东出版社 1998 年版，第 149 页。

的混乱当中一次次地将它错认。这个回溯点由于永远也不可能抓住，于是它处在注定要被抛却的环节点上，在这点上，事物的真理与话语的真理相联系。稍后，后者就模糊、抛弃了前者。但是，福柯提醒我们："在历久弥新、精简节制的真理背后是无数错误。不要相信'在面纱揭开后，真理仍是真理；在这点上，我们够成熟了，应该被说服'。真理是一种错误，但它的优势是能免遭反驳，这肯定是因为历史进程的长期焙烧使它变得不可改变了。此外，真理问题本身；真理自诩的反驳错误、拒斥外观的权利；真理之为智者发现，为少数虔信者保存，从它作为慰藉和命令的作用的范围以外的世界中撤回，最终沦为无用、多余和遭反驳的观念被抛弃的渐次过程，所有这一切岂不就是一段历史，一段名为真理的错误的历史？真理和它原处的统治在历史中有自己的盛衰过程。"[①]在福柯的心中，真理本身的合法性就是值得怀疑的，上面这段话福柯引自尼采的著作，借尼采的口说出了自己对于真理的看法，真理也有自己的历史，所谓的"绝对真理"也是虚构的，有的只是一段错误的历史。假如真理本身都是值得怀疑的，那么历史的起源处是真理的所在就更是不可能的了。

如果不去探讨起源问题，那么该如何看待尼采对道德的谱系学分析？同样，该如何看待福柯自己对于疯癫、医学、监狱的历史谱系？福柯认为："作有关价值、道德、禁欲主义和认知的谱系研究，决不是把历史插曲当作不可把握的东西忽略掉，决不是去径直去追寻它们的'起源'。相反，恰恰是要驻足于细枝末节、驻足于开端的偶然性；要专注于它们微不足道的邪恶；要倾心于观看它们在面具打碎后以另一副面目的涌现；决不羞于到它们所在之外寻找它们；通过'挖掘卑微—基础'，使它们有机会从迷

① 杜小真编选:《福柯集》，上海远东出版社 1998 年版，第 149～150 页。

宫中走出，那儿并没有什么真理将它们置于卵翼之下。”[①]福柯认为像尼采那样的谱系学家就是要通过历史来祛除起源幻象，走出“形而上学”的迷宫。福柯把这个类比为：“这有点像有经验的哲学家需要药物祛除灵魂的阴影。”[②]福柯认为应该做的是去学会辨认历史事件、它们引起的震动和惊恐、微弱的胜利、记录着开端却未被很好领会的失败、返祖现象和遗传；同样，为了评价某个哲学文本，就应该会诊断肉体疾病、健康状况以及衰弱和耐力。因为“历史有它的强盛、衰弱，也有神秘的迷狂和晕厥般的激动，它是生成变化的肉体。只有形而上学家才到遥远的起源的观念性中为自己寻找灵魂”[③]。福柯主动地与“形而上学家”划清界限，因此，福柯更喜欢称自己为历史学家和谱系学家，而不愿被人称为哲学家。福柯并不是真正地不去探讨事物发生的那个“开端”，只是不在形而上学的角度上去探讨“起源”问题，因为形而上学会预设存在着永恒的、绝对的“原点”，并把这个“原点”神圣化，在不自觉中会把“人”的地位盲目地抬高。

谱系学家探讨的是真实的历史事实，去描述它、展现它的真实。因此，福柯认为像“Entstchung”和“Herkunft”这样的词比“Ursprung”更好地突出了谱系学的对象。“Herkunft”就是根源、来源，就是属于同一族群的古老归属，福柯认为这个“同一族群”是指在同样高贵或同样卑贱者中结成的共血脉、共传统的族群。Herkunft 会牵扯到种族或者社会类型，但并不就此要在个体、情感中或观念中寻找一般特征，并不是“要断言：这是希腊人，那是英国人；而是要去辨认细微、独特、属于个体的标记，这些标记在个体中交织成一章难以解开的网。这样一种起源远不

---

① 杜小真编选：《福柯集》，上海远东出版社 1998 年版，第 150 页。

② 杜小真编选：《福柯集》，上海远东出版社 1998 年版，第 150 页。

③ 杜小真编选：《福柯集》，上海远东出版社 1998 年版，第 150 页。

是相似性范畴，它要梳理所有标记，以便将它们逐一区分”[①]。

福柯认为对 Ursprung 的追寻试图抹去了褶皱、不协调之后的回溯的同一性，而对 Herkunft 的探索并不打算回溯历史，不打算在被忘却的散落之外重建连续性；“它的任务并不是先给整个发展进程强加一个从一开始就已注定的形式，然后揭示：过去仍在，仍活生生地在现在中间，并在冥冥中唤醒它。民族的命运中没有什么类似种的进化的东西”[②]。福柯认为即使这样，对 Herkunft 的追寻依然具有重要的意义：揭示在我们所知和我们所是的东西的基底根本没有真理和存在，有的只是偶然事件的外在性。“正因为如此，道德的起源即使不再崇高——Herkunft 决不崇高——作为批评也还是有用的。”[③]这样做就可以打破同一性的坚硬壁垒，释放出异质性的元素。同时，福柯认为来源是深入肉体的。它在神经系统、气质和消化系统中刻下印迹。福柯认为因祖先过错（福柯暗指基督教）造成的呼吸不畅、进食困难、肉体衰竭，祖先们错把结果当成原因，相信彼岸的真实性，提出永恒的价值，这都会后代的肉体受到影响（福柯在此指基督教的禁欲主义）。福柯反问道：“为什么会发明沉思的生活？为什么给予这种存在至高无上的价值？为什么赋予沉思中形成的想象以绝对真实性？”[④]福柯借尼采的观点含蓄地表达了自己的看法：“在野蛮时代……只有在因衰弱、疲惫或病痛、忧郁或满足一时而没有欲望和胃口的时候，人才变得相对好些，也就是较少危险性，他的悲观主义才会通过言辞和反思而形成。处于这种精神状态，他才变成思想者和言谈者，或者说，他的想象力才发展

① 杜小真编选：《福柯集》，上海远东出版社 1998 年版，第 151 页。

② 杜小真编选：《福柯集》，上海远东出版社 1998 年版，第 150 页。

③ 杜小真编选：《福柯集》，上海远东出版社 1998 年版，第 150 页。

④ 杜小真编选：《福柯集》，上海远东出版社 1998 年版，第 152 页。

他的迷信。”[1]福柯认为肉体(以及所有深入肉体的东西,事物、气候、土地)是 Herkunft 的所在,这就相类似于肉体会产生欲望、衰弱一样,福柯认为可以在肉体之上发现过去事件的烙印。事件会在肉体之中相互联结、倾轧、解散、争斗、消解,有着不可克服的冲突。在肉体之上,能发现在语言、记号中消失的东西,因为肉体镌刻着事件的平面,而语言、记号、观念总是消除事件,而作为对来源的谱系学的分析,处在肉体和历史的相互环接的地方。历史展现着肉体,肉体总是打着历史的印记;肉体展现着历史,历史镌刻着肉体。

福柯认为运用“Entstchung”这个词更合适的原因在于“Entstchung”的含义蕴含着“出现”的意思,“出现”意指事物涌现出来的那一刻。通常情况下,人们倾向于到不间断的连续性中去寻找来源,这样就常常会把出现的错误当作最后的终结,这样一种想法未必可靠,表面上看来的最终结局,实际上只是一系列征服的插曲。福柯认为“出现”产生于权力的纠结状态,而对 Entstchung 的分析应该揭示权力的活动、相互斗争的方式、与环境之间的搏斗以及为了自我保存而避免退化获得新生所做的努力等。福柯举例子说道:“一个种属(动物或人)的出现和巩固得益于‘同各种持续不变的恶劣环境的长期搏斗’。事实上,‘作为种,它要求自身成为坚忍、一致、形式简洁的东西,以便在冲突和反抗中获胜并生存下来’。相反,只有在另一种权力状态下,在种的胜利确立后,在外部威胁消除后,在‘一些个体与另一些个体间某种形式的争夺阳光的利己主义’斗争展开后,个体变化才会出现。”[2]福柯认同尼采的观点:有时候权力也会反对自己,为了克服自身的衰微,权力转向自身,作用于这种不断增长的衰

---

① 杜小真编选:《福柯集》,上海远东出版社 1998 年版,第 152 页。

② 杜小真编选:《福柯集》,上海远东出版社 1998 年版,第 154 页。

微，与之反复搏斗。通过这个过程，人们会给自身施加各种限制、肉刑和酷刑，并且赋予这种幸福以崇高的道德价值，从而使自身获得新生（尼采对道德的谱系分析的观点）。因此，福柯认为“出现”是诸权力粉墨登场的前奏；“出现”是权力的泛滥，它们奋力一跃，从幕后到前台，洋溢着青春和活力。福柯认为尼采在《论道德的谱系》中称为善的观念的 Entstchungsherd（出现）的东西，确切来说，既不是强者力量的炫耀，也不是弱者对强者的一种反抗，而是二者之间相互对峙、相互倾轧的一个舞台，是展开它们的空间，是传递它们之间这种斗争、叫嚣、威胁、纠缠的空间。

福柯认为，既然来源（Herkunf）指示着肉体本能的特征以及增长和衰落，指示着历史刻在肉体上的印记，那么，出现（Entstchung）就指示一个对峙的空间和场所。福柯甚至将此称为“角斗场”：事件正是在这个场所中出现，这是一个争斗的“裂隙”，福柯认为这是一个“非—场所”（福柯的含义是指在此发生，但是又没具体的场所的场所）。这个“非—场所”是纯粹的距离，事实是争斗的双方不属于同类，没有共性。福柯说：“没有什么对出现负责，没有什么能从中赢得荣耀；它总是在裂隙中产生。”①

我们看到，福柯认为根本就不存在同一性的本质的起源，也不存在高贵的、神圣的起源，更不存在作为真理的存在场所的起源，与其说存在着历史的“起源”（Ursprung），不如说事件的“出现”是权力双方斗争的产物，在斗争的裂隙才有了事件的“出现”。这就是福柯对“起源”的“肢解”和拒斥，福柯不仅反对探求历史的“起源”，而且还对历史的连续性和历史的总体化的思想持怀疑和反对的态度。

---

① 杜小真编选：《福柯集》，上海远东出版社 1998 年版，第 154 页。

第二节 历史中的断裂

在福柯的眼中，历史主义认为历史在过去有其起源，历史上实际发生的事情是过去某个本质东西的延续和发展。但是，在前面的分析中，我们看到福柯从根本上否认对所谓的“起源”的追寻的虚假，而是代之以对“来源”“出现”的探索的真实。如果事物根本就不存在一个本质的起源，那么也就意味着否认了事物的历史在未来有其连续。

福柯认为真实的历史上存在着的并不是同一意义的连续体现，而是充满着断裂、替换、转移。事物的出现是权力粉墨登场的前奏，“出现”产生于权力争斗的“裂隙”，福柯借尼采的作品表达了这一思想：“从某种意义上说，在这无场所（前面福柯用的‘非—场所’）的舞台上演说的戏剧总是千篇一律的：统治者和被统治者反复上演的戏剧。一部分人对另一部分人的统治，这就是价值分歧的开始；一个阶级对另一个阶级的统治，这就是自由观念的萌生；人们对生存必需的东西的攫取，给它们加上原本没有的持存，或者说粗暴地将它们相互同化，这就是逻辑的创造。”[①]福柯认为在每个时期，统治总是依附于特定的形式，制定一定的程序，安排一定的权利和义务，它制定标记，同时把这种标记镌刻在事物之上、肉体之上。统治形式按照一定的规则而运转，那么这是一种什么规则呢？“按传统图式，人们误以为，普遍的纷争会在对立中消耗殆尽，以放弃暴力、服从和平的律法告终。实际上，规则是经过反复盘算的喜悦，是允诺的鲜血。它允许统治游戏不断反复；它反复导演暴力，一丝一毫都不遗漏”，“从冲突到冲突，直至以规则代替战争的普遍互惠，人性并没有

① 杜小真编选：《福柯集》，上海远东出版社 1998 年版，第 154 页。

获得任何缓慢的进步；它把暴力一一安置到规则体系中，由此，它从一种统治过渡到另一种统治”[①]。福柯认为正是规则允许以暴力对抗暴力，以另一种统治征服现有的统治，但是这些规则本身是空洞、野蛮、没有目的的，它们是被制定出来服务于一定的对象，屈从于某些人的意愿。这是因为福柯认为“历史的伟大游戏，属于占有法则的人，属于占据使用法则位置的人”[②]。规则会不断发生运转，最终这些制定规则之人也会被这些规则所统治，于是新的规则将渐渐地萌芽并取代旧的规则，在这种不断地往复中、循环中，规则出现又消亡，福柯认为人们所能重复的不断出现，并非同一意义的连续体现，而是取代、替换、转移、乔装的征服。历史根本就不存连续性的人性的进步，这在福柯看来只是一种幻觉，真实存在的只是从一种统治形式到另一种统治形式，从一种规则到另一种规则的转换和变化。

福柯认为，历史主义主张历史是连续的、一种超时间的观点，是对形而上学的“信仰”。而尼采在《不合时宜的沉思》中的第二部《历史的利与弊》中批评的恰恰是这样一种超历史的观点：“一种将时间最终的多样性编织成自我封闭的整体的历史；一种把一切归结为人类主体、给全部往昔变迁提供和谐形式的历史；一种用末世论的眼光展望未来的历史；这种历史学家的历史赋予自己超时间的支点，试图以启示录的客观态度评估一切，而根子在于它设定永恒真理、不死灵魂和自我同一的意识。一旦历史感性受超历史视点摆布，那么形而上学者就可以利用它，把它归到客观科学名下，给它加上独特的‘埃及主义’。”[③]福柯对此认为，历史是连续的这样一种观点预设了一个超越历史的视角——一个抽象的高高在上的俯视历史的视角，这恰恰是将

① 杜小真编选：《福柯集》，上海远东出版社 1998 年版，第 155 页。

② 杜小真编选：《福柯集》，上海远东出版社 1998 年版，第 155 页。

③ 杜小真编选：《福柯集》，上海远东出版社 1998 年版，第 155 页。

历史科学化的体现，科学的态度往往期求客观、中立，试图以一种客观的态度来评价历史。同时这种对待历史的态度也是将历史形而上学化的做法，它只想保留着历史中相似的东西，而忽视历史中的冲突、断裂，试图把握历史的同一性，而忽略历史中差异性元素的过程。

福柯借尼采的观点来反对在超历史的视角下的历史连续性的观点，那么尼采果真如福柯所说的那样吗？尼采的《历史对于生活的利与弊》发表于1874年，当时正值普鲁士王国利用王朝战争方式在1866年战胜奥匈帝国，1870年战胜法国，并在1871年通过《德意志帝国宪法》，确立德意志帝国的君主立宪制，德意志实现统一。军事上的胜利和政治上的统一，极大地推进民众和当局对于文化的需求，人们表现出的对历史的极大热情和过度的依赖正是这种体现，而尼采恰恰在这个时候出版了自己的《不合时宜的沉思》一书，颇有点“众人皆醉我独醒”的味道。尼采之所以称自己的沉思为不合时宜的沉思，就是因为尼采认为文化和思想正在不断地偏离自己的轨道，历史学也是其中之一。尼采看到当代人在对待历史学的态度中出现了许多问题。尼采认为历史学的目的和价值只有在适度的服务于生活时才是合理的，而过度的历史学不仅不会很好地服务于当代人的生活，反而会起到相反的作用。它会导致人的精神与生活的错位，人的内心与外在的脱节，现代人的生活状态受到文化的影响正在逐渐地变得低迷、昏昏沉沉，文化失去了生命力和创造力，结果也会使历史学自身的合法性出现危机。其主要原因在于人们对于历史学科学性和形而上学化的要求和对历史学的过度依赖。尼采觉得历史学的价值导向应该是指向生活的，生活就像星辰一样指引着历史学的方向，而科学却使生活与历史的“星位”发生了变化：“是这样一颗星辰，一颗明亮的、美丽的星辰走进了它们之间，星位确实被改变了——由于科学，由于历史学应当是科学的要求。”[1]历史知识的过度科学化使历史上一切曾经有过的东西都向人袭来。这种对历史学知识的探求的信条是:“要有真理,哪怕生活沦亡。”[2]历史知识过于泛滥,对现代人来说难以“消化”,犹如坚硬的石块沉淀在现代人“知识的胃”中。现代人暴露出精神的缺陷:被接受的知识被现代人称为独有的“内在性”。在这种情况下人们只有内容,而没有形式:“一种没有内心与之相应的外表的奇特对立,一种古代各民族尚不知道的对立。”[3]现代文化的教养根本不是一种教养,而仅仅是一种关于教养的知识,现代人仅仅停留在教养的想法上,从中产生不出教养的决断和行动,现代人成为“会走路的百科全书”。科学性历史学的危害在于动摇了人的生存根基:“如果科学所引起的概念地震把人的一切安全与宁静的基础、把对持久的和永恒的东西的信仰都剥夺了,那么,生活自己就在自身中崩溃了,变得衰弱和怯懦。”[4]

尼采对历史学中的“客观性”态度同样带着冷嘲热讽的态度。人们习惯援引已做到的“客观性”而使自己沾沾自喜,而尼采却认为这种对待历史态度的“客观性”是一种自我欺骗,是合乎时宜的历史学家存心显露出来的洒脱,真正的客观性不是对历史事实的简单的临摹,而是得出全面的联系,其中一切个别的东西都获得应归于它的位置,真正的客观性犹如有权进行审判的正义者,犹如一个冷酷的知识精灵,它果敢、冷酷、威严。所谓

① [德]尼采:《不合时宜的沉思》,李秋零译,华东师范大学出版社2007年版,第166页。

② [德]尼采:《不合时宜的沉思》,李秋零译,华东师范大学出版社2007年版,第166页。

③ [德]尼采:《不合时宜的沉思》,李秋零译,华东师范大学出版社2007年版,第167页。

④ [德]尼采:《不合时宜的沉思》,李秋零译,华东师范大学出版社2007年版,第236页。

的“客观性”不过是一种想象，尼采借用希勒的话来表达：“一个接一个的现象开始逃脱盲目的偶然、无规律的自由，并且把自己作为一个合适的肢体，加入一个和谐整体——这整体当然只存在他的想象中。”①过于自负的时代是虚假性的自我欺骗，它会轻蔑而毫无敬意地对待历史中伟大的精神和事件，也会在自负中丧失创造未来的可能性。

尼采认为这样一种“超时间”的客观性的视角只不过是虚假性的想象而已，并且这种虚假性的视角带有很大的危害性。“超时间”的视角是虚假的，历史的连续性也只不过是一种不真实的预设，因为实际的历史当中的的确确地存在着许许多多的偶然性，而历史主义则试图铸造一个连续性的无所不包的框架，然后把丰富多彩、千变万化的历史事件整合进这个框架中，真实的历史被歪曲、篡改。如果当我们去倾听历史真实的声音，所谓的历史连续性的观点只不过是一种“形而上学的神话”，这种神话仿佛在允诺历史只有是连续不断的，人类才能感觉到自己历史的壮阔和辉煌，才能在世界当中体现出人类的优越性。这种连续性的“执念”，是一种人类的自我欺骗，是一种懦弱的自我安慰，就像鸵鸟为了躲避危险，把自己的脑袋埋起来一样。在这点上，福柯与尼采的观点是一致的，他们都反对这种被形而上学浸染的历史——被套上了“神话”色彩的历史。

福柯借尼采的思想表达了自己对“超时间”的客观性视角的不信任，同时福柯还指出了这种“形而上学式神话”背后的原因：“每当人们在历史分析中——特别是当分析涉及思想、观念或者知识时——看到非常明显地使用不连续性和差异这类范畴，界限、决裂和转换这类概念，以及序列与界限这类描述时，人们就

① [德]尼采：《不合时宜的沉思》，李秋零译，华东师范大学出版社2007年版，第190页。

会抱怨历史被谋杀了。人们就会谴责说这是对历史的永不失效的权利和整个历史性基础的冒犯。但是不应该被此所蒙骗：因为他们最痛心的，不是历史的消失，而是这种历史形式被抹杀，因为这种历史的形式曾经神秘地，然而却是全部地参照于主体的综合活动。”[①]也就是说，福柯认为人们之所以捍卫着这种历史的连续性是因为人们的这种观点背后隐藏着对于“主体”的“执意”，人们企图捍卫的并不仅仅是这种历史形式，而是隐藏在背后的主体观及对主体的功能的“膜拜”。

在福柯眼中，人们对历史连续性的捍卫是出于一种担忧——人们害怕自己会失去主体的庇护所，这个庇护所是人类意识的庇护所，也是人们寄托着自己的生存的合法性的庇护所：“思想史对于意识的主宰来说则是一个得天独厚的庇护所。”[②]福柯看到：“连续的历史是一个关联体，它对于主体的奠基功能是必不可少的”，因为这个主体许诺把历史遗漏掉的一切归还给历史，并且主体终有一天会以历史意识的形式将所有那些被差异遥控的东西重新收归已有，恢复对它们的支配，并在它们中找到我们称为主体意识的场所的东西。也就是说，我们不仅能通过超时间的主体的视角把握住历史的连续发展的道路，明白我们的历史原来是这个样子的，同时，终有一天，我们终能实现一个理想的王国，我们终将成为我们自身的主宰，即使上帝不再是我们的天国。于是，“将历史分析变成连续的话语，把人类意识变成每一个变化和每一种实践的原主体，这是同一思想系统的两个方面。”[③]福柯反问的就是：我们的历史本来的样子是连续

① [法]米歇尔·福柯：《知识考古学》，谢强、马月译，三联书店 2007 年版，第 15 页。

② [法]米歇尔·福柯：《知识考古学》，谢强、马月译，三联书店 2007 年版，第 13 页。

③ [法]米歇尔·福柯：《知识考古学》，谢强、马月译，三联书店 2007 年版，第 13 页。

的吗？我们的未来真的能实现自我的统治吗？福柯认为，要做到“客观性”地认定历史是连续的是不可能的，因为历史上充满着偶然性的因素，断裂丛生；并且企图寻找俯视人类历史的视角是一种人类的自负和傲慢。

尼采曾经用“上帝死了”道出了西方人的精神和价值危机，这渐渐失去家园的被暴露在“偶然性的黑洞”面前的生命仿佛找不到可以替代“上帝”的坚固的立足点。福柯说：“人类主体，拥有其意识和自由的人类主体，根本上是一种与神相关的形象，一种人的神学化，神重新降临到世上，它意味着19世纪的人本身在某种程度上被神学化了。当费尔巴哈说：‘必须在尘世补偿在天堂失去的珍宝’，他就把人从前提供给神的珍宝置于人心中了。正是尼采在揭示上帝之死的同时，揭示了19世纪不停地梦想的这个神化了的人。”[①]但是，这个神化的人随着“上帝之死”也在渐渐地消逝。这种把人本身神化的做法在福柯眼中指的就是人本主义或者人类学，这种过分地把人的地位抬高的做法是具有很大的危害性的，而连续性的历史观正是人本主义的“卫道士”中的一员，“因为人们试图通过它恢复人类在一个多世纪以来不断失去的一切。人们曾把所有从前的宝贝堆放在这种历史的古老城堡中；人们相信它是坚固的；并把它神圣化；把它变成最新的人类学思想的场所；人们甚至相信能够在这里俘获那些曾经猛烈地攻打它的人；并相信可以把他们变成城堡的警惕的守卫者。……至少历史是活的，连续的，断言历史对于回答问题的主体来说仍然是休息，确信，和解的和高枕无忧的场所”[②]。在福柯眼中，连续性的历史观起到了维持了人类生存的合法性

① [法]米歇尔·福柯：《福柯答复萨特》，莫伟民译，《世界哲学》2002年第5期。

② [法]米歇尔·福柯：《知识考古学》，谢强、马月译，三联书店2007年版，第16页。

的作用，他一方面给人类的历史带上了神圣的光环，同时它还允诺幻想中的美好的未来。然而，福柯认为这是一种哲学—历史的神话："对哲学家而言的历史，是一种巨大而宽泛的连续性，个人的自由与经济或社会的规定性都将在其中相互纠缠在一起"，并且自己承认："如果我已经杀死了历史的哲学神话、人们指控我杀死了这个哲学神话，那我会高兴。我想杀死的恰恰是这个神话，而根本不是一般的历史，而是杀死对哲学家而言的历史，是这样的，我完全想杀死它。"①福柯在此表达了自己关于历史连续性观点的真实想法，在福柯的眼中，所谓的历史连续性只不过是一个人类的过于自负的美化自我的形而上学式的神话。

第三节　发散的历史

福柯认为起源观和连续的历史观势必会产生历史的总体观，这三者是一体的，它们三者构成了思想史的主题，而思想史就是"一门起始和终止的学科，是模糊的连续性和归返的描述，是在历史的线性形式中发展的重建"②。因此，福柯对"起源""连续性""总体化"的批判是同时进行的。在福柯看来，思想史因为在理论上假定了历史的起点，也就必然会假定历史的终点，并且从起点到终点的这个过程必然是连续的，而历史过程就成为一个所有偶然历史现象日益积聚在某个精神性原则和核心周围的总体化的过程。

福柯认为自 19 世纪以来，思想史关注"全面历史的研究，在这样的全面历史中，一个社会的全部差异都可以被归结于单一

① [法]米歇尔·福柯：《福柯答复萨特》，莫伟民译，《世界哲学》2002 年第 5 期。

② [法]米歇尔·福柯：《知识考古学》，谢强、马月译，三联书店 2007 年版，第 151 页。

的形式、某种世界观的结构、某一价值系统的建立、某种文明的一致的类型。这个主题(福柯在此指思想史探讨的主题)以起源基础的研究反对由尼采的系谱学造成的偏移,这种研究把合理性变成人类的目的,并把整个思想史同维护这种合理性联接起来”①。福柯在此所指的全面的历史就是指的总体的历史。在这段话中,福柯指出了总体历史观的两个比较明显的特征,一方面总体的历史观试图把整个人类的历史归结于一种单一的价值形式,另一方面这个形式又以“合理性”作为历史的目的。福柯恰恰在这两个方面反对这种总体性的历史观。福柯批评总体的历史观企图把历史的所有现象都压缩在唯一的内核的这种观念,比如压缩在原则、精神、世界观、精神等的周围:“总体史设法重构一个文明的总体形式,一个社会的物质或精神原则,一个时期的所有现象所共有的意蕴,说明这些现象的连贯性规律,即人们用隐喻所说的一个时期的‘面貌’。”②这个“面貌”指的是人类存在的统一性,这个统一性具体的体现在认为人类文明的历史追求着一种大家都认同的价值观,并且人类社会发展必然会趋向同一个目的。福柯批评道:“好像在人们对溯本求源,无限追求先源线,恢复传统,追踪发展曲线,设想各种目的论和不断借用生命的隐喻等做法习以为常之外,对于思考差异,描写偏差和扩散,分解令人满意的统一性的形式深恶痛绝。或者更准确地说,就像人们将界限、变化、独立系统、限定序列——这些历史学家们经常使用的概念——变成理论,从中找出一般后果,乃至派生出可能的意蕴,有着难言之隐。就好像我们害怕在我们自己

① [法]米歇尔·福柯:《知识考古学》,谢强、马月译,三联书店2007年版,第14页。

② 莫伟民:《莫伟民讲福柯》,北京大学出版社2006年版,第171页。

的思想时代中思考他人。"[①]福柯要思考的恰恰就是历史中的差异、偏差和扩散:"必须成为一种区别、分布、散播间距和边缘,并使它们发生作用的犀利的目光——一种解散性的目光,它能解散自身,能消解那种被认为统治着历史的人类存在的统一性。"[②]为什么福柯一再地反对思想史追求的这种统一性?福柯认为:"这个主题,尽管形式不同,却起着一个恒定不变的作用:反对一切偏移,挽救主体的至高地位,挽救人类学与人文主义这对孪生的形象。"[③]这正是前面提到的福柯所反对的被神学化的人类学,也是福柯所说的那个"形而上学式的历史学神话"。同时,福柯还提到从谱系学角度出发对真实的历史的研究要"触动那些被认作是禁止的东西,要破碎那些被认作是统一的东西;它要呈现那些被想象成自身一致的东西的异质性。"[④]福柯要做的就是要打破这个"同一性",释放出"异质性"。

总体观认为人类社会是不断进步的,而在这个历史进步的过程中,尤其是人性的不断改善和进步,并不断趋向于合理性的目标。对于这种观点,福柯提醒我们,从真实的现实去看:"人性并没有获得任何缓慢的进步。"[⑤]理性、自由和进步是启蒙运动的精神内核和遗产,理性是主体的理性、自由是主体的自由、进步是人性的进步,并且进步恰恰意味着人类更加理性和自由,而福柯却唱了反调。福柯在《疯癫与文明》一书中曾经指出文明的历史只不过是人们追求理性而对非理性的疯癫进行压制和禁闭

---

① [法]米歇尔·福柯:《知识考古学》,谢强、马月译,三联书店2007年版,第13页。

② 杜小真编选:《福柯集》,上海远东出版社1998年版,第156页。

③ [法]米歇尔·福柯:《知识考古学》,谢强、马月译,三联书店2007年版,第13页。

④ [法]米歇尔·福柯:《福柯答复萨特》,莫伟民译,《世界哲学》2002年第5期。

⑤ 杜小真编选:《福柯集》,上海远东出版社1998年版,第155页。

的历史；在《规训与惩罚》中，福柯通过对监狱的诞生的历史谱系揭示出整个现代社会已经成为一座大型的“监狱”，在学校、医院、军队等各种公共的场所，到处都密布着“权力的眼睛”，人们已经成为被规训的对象和牺牲品，而毫无自由可言；而所谓的人性的进步也随着二战的烟火再次成为“透明的空气”。如果果真如福柯分析的那样，那么真的很难再去相信，当理性、自由、进步的愿望落空以后，人类社会的历史会有一个合理性的目的。

福柯不仅在连续的历史观中看到了对主体至高无上的吹捧和庇护，而且认为“将历史分析变成连续性的话语，把人类的意识变成每一个变化和每一种实践的原主体，这是同一思想系统的两个方面”①。在此，“同一思想系统”有特定的所指，即一种总体化的思想系统。这一点在福柯答复萨特的采访中给出了提示：“从黑格尔到萨特的哲学基本上仍然是一种总体化的事业，即使不是关于世界、知识的总体化，那至少也是关于人类经验的总体化。”②也就是说，福柯在此谈论的就是自黑格尔以来直到萨特的这样一种总体化的哲学传统。在西方思想中，历史的普遍统一性的观念，最初通过基督教的神意说深深植根在人们的思想当中。这种观念认为上帝是人类历史的主宰，人类历史是受上帝的意志支配的历史。启蒙运动以后，随着自然科学的发展和人类对大自然探知领域的不断扩大，上帝存在本身的质疑声越来越多，人们的信仰观念渐渐地变得淡薄。虽然人们对于上帝的信仰逐渐在消失，但是这样一种历史观念却在人们的心中根深蒂固。黑格尔的思辨的历史观就带有这种历史观的影子，只不过上帝被置换为“绝对精神”。事实上，历史既没有被任

① [法]米歇尔·福柯：《知识考古学》，谢强、马月译，三联书店 2007 年版，第 13 页。

② [法]米歇尔·福柯：《福柯答复萨特》，莫伟民译，《世界哲学》2002 年第 5 期。

何类似于“上帝之手”或外在的支点先验所决定，也不会像黑格尔所设想的那样，历史是“绝对精神”自身内在的连续的有机演化过程。在福柯的眼中，主张历史是绝对精神的总体演变过程的黑格尔与主张“历史根据叙事模式而被组织为陷于规定性等级的一大串事件：个体都是在这个总体性内部被把握的，总体性超越了个体并嘲弄个体，但个体也许同时就是总体性之很不自觉的发动人”①的萨特都是一种总体化的哲学传统，这种哲学传统就是关于“人”的科学。他在后来断言“人之死”指的也是这种关于“人”的科学，这种关于“人”的科学就是福柯眼中的人类学或者人文主义。福柯在答复萨特的采访中还讲到：“人们在19世纪发明了某些十分重要的东西，例如，微生物学或电磁学等，人们同样在19世纪发明了人文科学。发明人文科学，这显然是使人成为可能知识的对象。这是把人构建为认识的对象。然而，在19世纪，人们同样期望和梦想这样一个重大的末世学神话，即有关人的这种认识应使人由此摆脱其异化，摆脱所有自己所不能控制的确定性，凭着关于自身的这种认识，人就能重新成为或者首次成为自己的主人和所有者。换言之，人们使人成为认识的对象，以使人能成为他自己的自由和他自己的存在的主体。”②这就是福柯眼中的以主体为核心的人类学观（笔者认为福柯眼中的人类学和德里达所说的“逻各斯中心主义”表达了相似的含义），而这种观点恰恰与连续性和总体性的历史观相糅合。关于“人”的科学一方面使人成为认识的主体，另一方面又使人成为认识的对象，并且伴生了这样一种信念：人可以通过对自身的历史的认识，把握住历史的确定性（连续性），最终人类将成为自我的主宰。这恰恰是福柯反对的连续性的历史观和总体

① 莫伟民：《莫伟民讲福柯》，北京大学出版社2006年版，第170页。

② [法]米歇尔·福柯：《福柯答复萨特》，莫伟民译，《世界哲学》2002年第5期。

观。我们在前面谈到福柯的整个思想是“关于我们自身的历史存在论”，是对“主体的历史”的考古和谱系，在整个过程中，福柯要抛弃的就是这种历史主义的历史观、浸染着形而上学因素的历史观、受到人类学束缚的历史观，而要在真实的历史中谱系主体的历史。

福柯主张要用考古学和谱系学的方法去研究真实的历史，而不是像思想史一样去探讨历史的起源、把握历史的连续性、追寻历史的终极目的。他试图测量和描述发生在历史领域中的变化，福柯自己说道：“我的研究证实基于这一点，其中《疯癫史》《临床医学的诞生》《词与物》勾勒出了这种研究的轮廓，只是十分不尽如人意。我们试图通过这项研究测量出一般发生在历史领域中的变化；在这项研究中，一些思想史的方法、界限和主题受到质疑。”①福柯还指出了这样做的目的：“我们还想通过这项研究试图在历史领域中解脱人类学的束缚；这项研究反过来揭示这些束缚是怎样形成的。”②在福柯的眼中，总体性的历史观有其背后的理论支撑和意义的来源：“福柯在批评总体性时更是追溯到并批判了作为总体性支撑和最高价值来源的统一不变的先验主体。福柯避免诉诸作为任何知识之可能条件的先验，他要努力摆脱这个先验，尽可能不给先验留有余地，以确立起人类认识的历史条件和转化。”③从福柯的身上，我们感到一种对历史的真正的敬畏感，不是去用理论构造它，也不是夸大人类的“视野能力”去“俯视”它，更不是借助形而上学的构架给它套上一个必然的“结局”的枷锁，而是一种尊重“真实”的态度和精神。

① [法]米歇尔·福柯：《知识考古学》，谢强、马月译，三联书店 2007 年版，第 16 页。

② [法]米歇尔·福柯：《知识考古学》，谢强、马月译，三联书店 2007 年版，第 16 页。

③ 莫伟民：《莫伟民讲福柯》，北京大学出版社 2006 年版，第 178 页。

第四节 历史感性

在福柯的眼中，历史主义的历史观描述的具有起源、连续性、总体性的历史并不是真实的历史。在批评和否定了历史主义的这三个基本观点之后，福柯描述了“真实的历史”样态和特征。

福柯对“真实的历史”的描述还是起于尼采的观点，尼采把谱系学着眼的历史称为“真实的历史”，福柯说：“尽管我们熟知尼采有关历史的那些著名批评，但这不会带来什么进展，谱系学有时被指定为 Worklice Hisorie，有时被冠以‘精神’或‘历史感性’。”[①]福柯认为“真实的历史”尊重历史中的变化，它不以任何恒定性为基础，而历史主义要做的恰恰相反，他们赋予自己超时间的支点，试图以启示录的客观态度评估一切，其原因就在于这种做法设定永恒的真理，灵魂的不死和意识的自我同一性。与此相反，福柯认为真实的“历史感性实践着实际的历史，它将所有那些据信内在于人的不死的东西重新引入到变化中”。[②]福柯认为谱系学要做的就是去描述历史的真实状况，描述历史中的事件的曲折、断裂、变化、褶皱，谱系学内在蕴含着描述真实的历史的“精神”，“所有那些作为人们转向历史、从整体上把握历史的凭据的东西，所有那些使人们把历史追述成一种连续缓慢运动的东西，都要被系统的粉碎”[③]。具体要粉碎什么呢？福柯认为要粉碎“那些使慰藉人的体认游戏得以可能的东西”[④]。

历史主义对历史的把握和认知意味着“重新找到”，而谱系

① 杜小真编选：《福柯集》，上海远东出版社 1998 年版，第 156 页。
② 杜小真编选：《福柯集》，上海远东出版社 1998 年版，第 157 页。
③ 杜小真编选：《福柯集》，上海远东出版社 1998 年版，第 157 页。
④ 杜小真编选：《福柯集》，上海远东出版社 1998 年版，第 157 页。

学在“历史的秩序中也并不意味着‘重新找到’，尤其不是‘重新找到我们’”。[①] 因为“重新找到”意味着承认在历史的流变中存在着永恒不变的东西，存在着构成历史的同一性的东西，而谱系学视角下的“真实的历史”却并不以追求任何恒定性为出发点和归宿，福柯认为在将非连续性引入我们的存在的这个意义上，历史才是“实际的”。“实际的”历史和“真实的”历史在福柯的思想中指的是同一个含义。“实际的”历史将会裂析人的情感，强调人的本能，将使“自我”一无所有，使它不再拥有起确保作用的生命和本质的稳定性，它将会摆脱试图对人类历史的未来断言的千年终结观的诱惑。福柯说：“实际的历史打乱了通常在事件的突现与连续的必然性之间建立起来的关系。总有一种历史传统（神学的或理性主义的）倾向于将特殊事件纳入理想的连续性——目的论的进程或自然因果序列。”[②]而“实际的”历史要做的却是要使事件带着它的独特性和剧烈性重现。如果做到这一点，事件就不会被理解为一个决定、一部条约、一个王朝或者是一场战斗，而是对立的、不和谐的力量之间的争斗和角逐，是被攫取的权力，是“重新任用的、反对他的使用者的词汇，是衰落、松动、败坏了的统治，是戴着面具登台亮相的他者。

福柯认为，在历史中起作用的力量既不遵循目的，也不遵循机械性，它只顺应斗争的偶然性。它既不表现为原初意想的连续形式，也不是某个结论的推导步骤。它总是显现于事件的独特偶然性”[③]。“实际的”历史与神圣的基督教此岸—彼岸的世界不同，也与划分了意志领域和宇宙的无价值的希腊世界不同，实际历史的世界只看到唯一的王国，在这个王国之中，既没有神的意志，也没有终极因。世界是无数纠结缠绕的事件，而作为对

① 杜小真编选：《福柯集》，上海远东出版社1998年版，第157页。

② 杜小真编选：《福柯集》，上海远东出版社1998年版，第157页。

③ 杜小真编选：《福柯集》，上海远东出版社1998年版，第157页。

于“实际的”历史的认识的历史感性将会看到:“我们在无数流逝的事件中生活,并无原初的坐标。”[①]因此,在福柯的眼中,“真实的”历史一个重要的特征就是不承认历史中存在着永恒不变的东西,存在着构成历史的同一性的东西。恰恰相反,真实地、实际地存在着的历史永远处于不断流变之中。历史是不断变化的,就不可能存在本质性的起源贯穿事物的历史;历史是不断变化的,就不可能仅仅存在连续的历史过程,历史上也存在着偶然、分歧、变化、断裂等因素;历史是不断变化的,就不可能预设一个遥不可及的目的。

福柯认为,去描述历史的流变和实际发生的状况就是真正的“历史感性”,历史感性恰恰与历史主义的历史观背后支撑的形而上学针锋相对,一个讲述“真实”,一个是对历史的逻辑化、形而上学化。“历史感性”要颠倒传统历史中根据形而上学的信仰建立起来的远近关系。在福柯看来,“后者总是喜欢把眼光投向遥远的东西、高贵的东西:最崇高的时代、最优雅的形式、最抽象的观念、最纯粹的个性。为此,它尽可能地接近他们,到它们的峰峦下去朝拜它们,哪怕用十足的青蛙的眼光替代它们”[②]。恰恰相反,历史感性将会把目光投向切近的东西,当面对崇高的时代的时候,它会保持着怀疑的态度;当面对历史中野蛮、不可明言的纷乱时,它不会去敌视,反倒会为之狂欢;当它试图查看历史、深入历史时,是为了把握多彩的历史景观,展现历史的散落和区别,还诸事物以本来面目和自身的变化。形而上学的历史学家会故意地去远眺事物的未来,暗地里却偷偷地靠近充满希望的近景。福柯认为这如同形而上学家的做法,彼岸只是作为他们许诺给自己的回赠才进入其视野,而关注实际的历史学

---

① 杜小真编选:《福柯集》,上海远东出版社 1998 年版,第 158 页。

② 杜小真编选:《福柯集》,上海远东出版社 1998 年版,第 158 页。

家却从近处着眼，然后抽身再从远处来把握。这类似于医生的做法，他们凑近看是为了诊断病症和指示变异。在这种类似关系上，“历史感性”更接近于医学。因此“真实的历史并不是哲学的奴婢，也不应描述真理和价值的必然起源；它要成为强健和衰弱、上升和下降、毒鸩和解毒剂的知识。它要成为药剂学”[①]。在福柯的眼中，关注真实的历史学家要做的不应该去眺望和允诺一个不切实际的未来，并在“期盼”中赋予“当下”和“近处”一个存在的合法性，而应该是去“诊断”历史的起伏、变化、高峰和低谷，并在“诊断”中做出真实的描述，让历史成为“诊疗学”和“药剂学”。

福柯认为关于实际的历史的知识就是坦然地成为一种透视性的知识。这一点也是真实的历史与历史主义的重要不同之处。不管是尼采还是福柯都反对持一种科学的、客观的态度去探究历史，因为这一点根本是不可能做到的。很多历史学家都极力以任何可能的方法试图消除他们知识中的那些可能会泄露他们观察的位置、所处的时刻、所采取的决定、无法抗拒的热情的东西，而福柯认为“历史感性”恰恰相反：“如尼采所理解的，明了自己的透视性、承认自己不公允的手法。它从一定角度出发观察，带着慎思后的决断去评价、去肯定和否定、去追寻毒药的踪迹、找寻更好的解药。”[②]这种试图把握真实的、实际的历史的“历史感性”并不会在它所观察的东西面前故作审慎的消隐，不会到历史中去寻找自己的规则，不会使自己的观察活动从属于对象，这种观察既了解自己所观察的东西，也了解自己是从什么地方去观察的。福柯说：“历史感性使知识在其认识活动中获得一种谱系学的角度。实际的历史在垂直于自身的方向上实践着

① 杜小真编选：《福柯集》，上海远东出版社 1998 年版，第 159 页。

② 杜小真编选：《福柯集》，上海远东出版社 1998 年版，第 159 页。

历史的谱系学。"[①]谱系学的历史之所以是真实的，就是因为谱系学的历史并没有历史主义历史学家的客观性的态度，并没有历史主义所妄求的终极原则和连续性，也不以绝对的理性来取消真实地存在于历史事件中的本能、肉体等非理性的因素。历史感性类似于当事人的感受，而相反的则是高高在上的客观者视角。

历史感性并不像历史主义那样承认主体的先验的内在同一性，也不承认主体的综合的功能，而是恰恰否定了这种同一性。历史感性就是"要以一种完全摆脱了形而上学和人道主义化记忆模式的方式来使用历史，要使历史成为反记忆"[②]。福柯认为摆脱了形而上学和人道主义记忆模式的历史就是要对我们的同一性的系统分解，而这个同一性指的就是先验主体的同一性，福柯认为："这种脆弱的、我们竭力在面具下确保和聚合的同一性，本身不过是个可笑的模仿，它本身是复数的，内部有无数的灵魂争吵不休；各种体系杂陈交错、互相倾轧……并且，历史在每个灵魂中揭示出来的，不是什么被忘却的、迅速复生的同一性，而是一个由众多不同元素构成的、不受任何综合权力主宰的复杂系统。"[③]因此，对实际历史的描述的谱系学导向的历史就不会类似于历史主义那样去寻找同一性的根源，而是要去尽力地消解。它并不是要去追寻我们源出的唯一的策源地，也不是形而上学家所预言的人类的终极性的未来，而是要致力于昭显人类所经历的一切非连续性，揭示在自我面具之下的否定我们的同一性的异质系统。

对真实的历史的分析是对"话语"的考古学分析。福柯称自己的历史分析为"考古学"，就是要与形而上学的历史学观划分

① 杜小真编选：《福柯集》，上海远东出版社1998年版，第160页。
② 杜小真编选：《福柯集》，上海远东出版社1998年版，第162页。
③ 杜小真编选：《福柯集》，上海远东出版社1998年版，第163页。

界限。在此，“考古学”具有特定的含义，“考古”不是指通常我们熟悉的作为历史研究的一门具体的学科，而是对地下的文物的发掘与考证，而是指借用“考古”这个词的字义对历史上的过去之事进行考查。一般情况下，历史将考古发掘出的重大的遗迹或文物整理成文献，并在此基础上来组成连续性、总体性的历史一个部分、章节，而福柯的“考古学”却意味着要从文献去追寻遗迹，去分散和裂析历史的总体的“篇章”，回到断裂、离散的历史空间。因此，“考古学”的含义在此就成为从历史回到真实的遗迹，遗迹在此也不仅仅指具体的文物，同时也指历史上的具体的事件以及历史上真实存在着的支配着人们的认知、行为等的思维方式和习惯。通常意义上的考古学总是趋向于对时间的关注，因为它是对历史文物的发掘、清理、考证和研究，而在福柯这里，考古学关心的主要不是时间问题，虽然福柯是对过去之物和事件的考查，但是重点却在于他并不打算去研究历史的延续和进化，而是去考查在历史的不同阶段，这种或者那种客体是如何成为某一知识的可能对象的。例如，疯癫是如何成为知识的对象的，在何种条件下形成了关于疯癫问题的知识种类（医学、精神病学）？一般而言，福柯强调的知识是普泛的知识，具体的指人文科学的知识。福柯曾经用“知识型”这一概念来命名。

知识型具体指的是在历史的一定时期内左右着人们的思维方式和行为习惯的知识的条件和规则。福柯的考古学就是对知识的条件和规则的研究，并且这个研究是关于语言的分析，也就是说，它是一种话语分析。福柯的《词与物》的副标题就是“人文科学的考古学”，而且福柯认为：“可以粗略地宣称，人文科学的东西可以称为话语的自我体系。”①“话语”简而言之就是指实践者的语言，但是对话语的分析不受制于语言学的因素，而是与政

① 杨大春：《福柯》，台湾生智文化事业有限公司1997年版，第49页。

治、经济、文化等社会生活的其他方面相互联系的,并且在这种联系中才能对话语进行分析。福柯认为话语不仅仅是一种言说的方式,更是一种实践方式。例如,话语实践可以具体地指专家、权威们以某种人们可以接受的方式去从事的言语行为;也可以具体的指政治、经济的决策者在人们可以接受的条件下制定的一系列的规范和制度。考古学就是分析某些话语的历史的可能性,关注话语出现的条件和规则,研究这些话语与其他因素的排列、组合、构成的关系,并且去描述这些话语构成所经历的历史变化。福柯认为"话语"是存在于复杂的社会力量和关系中的经验现象,通过对话语的分析,可以展现构成和左右着话语的历史条件和规则。"知识型"就是"话语"的规则和条件。"话语实践,它的规则所在的层面,正是福柯力图揭示的考古学层面。这个考古学层面坚执地存在着,它既是个人务必遵守的规则,也是在一个既定时段内各种知识和学科共通的基础和决定性条件。"[①]考古学的方法同时也抛弃了对于主体的崇拜和执着,"福柯就是要用规则系统取代个人主体:个人主体的处境、功能、感知力以及实践可能性取决于支配和操纵他们的条件,总之,他不是从说话的个体,不是从他们说话的形式结构,而是从话语的存在中起作用的规则出发,也即是说,是从话语实践出发,而不是从主体出发"[②]。在福柯的心中,主体并不能凌驾于话语之上,恰恰相反,是话语操纵着、支配着主体言说的方式、行动的方式,并构成了主体的诸种可能性的前提,并且福柯认为话语的规则和模式在历史的境域之中是不断变化的,历史并不是话语变化的原因,但却是话语转变的基本境域。

对真实的历史的分析是对历史的谱系学的分析。话语是考

① 汪民安:《福柯的界线》,南京大学出版社 2008 年版,第 56 页。

② 汪民安:《福柯的界线》,南京大学出版社 2008 年版,第 56 页。

古学分析和描述的对象，话语在历史的境域之中发生变化，但是历史并不是话语转变的原因。福柯在《词与物》一书中对人文科学的“考古”只是描述了词与物相互联结的方式以及变化，就像福柯自己在本书中宣称的那样，他关心的仅仅是变化，这基于他从大量的历史文献中看到的基本事实：“某些学科没有预兆地、突然地、彻头彻尾地进行了重组；与此同时，一些相似的变化发生在迥然不同的学科之中。这些突变不遵照相同的法则，不同步，不在同一个层次，它们有各自的特性，因而彼此之间存在着差异性，福柯的意图是尊重这些差异性，描述这些变化的相关性。”[①]但是，这些变化的原因是什么？新的概念为什么会出现，话语为什么会进行重组？词与词所对应的物的关系为什么会发生改变？这些问题，福柯在《词与物》之中并没有去涉及。他所做的仅仅是描述话语的变化，而对这种变化作出解释却是谱系学的任务，这在考古学与谱系学的关系中可以看出：“系谱学与考古学的关系如何？按福柯自己的看法，系谱学并不取代考古学，为了揭示构成知识体的推理规则，考古学仍然是必要的，但系谱学的超出处在于，透过与权力相关联而解释话语史的形成与变迁，即考古学只关心静态的描述，而系谱学则要求提出解释。”[②]考古学与谱系学是有差别的，可以说考古学是局限于对知识的研究，局限于对话语的研究，虽然福柯内心当中始终认为话语是一种实践，是同话语之外的其他社会存在物存在着密切的联系，但是福柯并没有超出话语自身这个范围之外。而谱系学则引入了对权力的分析，将研究的重点从话语范围转向了话语与非话语之间的关系，权力与话语之间错综复杂的关系成为谱系学的主题。

---

① 汪民安：《福柯的界线》，南京大学出版社 2008 年版，第 56 页。

② 杨大春：《福柯》，台湾生智文化事业有限公司 1997 年版，第 49 页。

关于考古学与谱系学的关系，福柯在临终前曾对这一点有过解释："考古学的分析向度是为了检验形式本身，谱系学的分析向度则是要分析在实践时，形式如何产生、如何改变。"[①]福柯通过引入对权力的分析，将自己的研究工作跨过了话语的"界限"，真正走向了对实践领域的分析。所以，并不是说福柯对话语的分析没有关联到实践，而是说福柯在"话语"与话语之外的实践领域的关系中看到了话语变化在实践领域中的动因。福柯通过对现实生活中权力的分析看到权力对话语实行着控制和约束，话语是受权力支配的。"也就是说，谱系学是从知识、话语的角度来关照社会实践，反过来，也是从社会实践的角度来分析话语与知识。"[②]从社会实践领域的角度，也就是从权力的角度进行的分析，为何福柯把非话语的社会实践会总结为权力？这其中有福柯自己深刻的生活体验，比如他对童年时代的回忆、作为一个同性恋者所感受到的各种异样的目光、二战所标示的权力的"疯狂"以及尼采从权力的角度对道德史的谱系对福柯产生的影响。这种种因素催生了福柯在对权力的谱系中去分析现代社会个体历史性生存的状况和处境。于是，福柯对话语的考古学分析以及对权力的谱系学分析就分别具有了自身的理论价值：一方面是对现代个体的如是状况的历史性的"考古"，另一方面在于看到了权力对个体生存现实的控制和束缚，从而寻找摆脱这种束缚和控制的道路。这正是福柯思想后期走向伦理学并且提出"生存美学"的缘由，也正是福柯认为自己的理论工作是对主体的历史的分析，是关于"我们自身的历史存在论"的分析的缘由。

---

① 刘永谋：《福柯的主体解构之旅》，江苏人民出版社 2009 年版，第 89 页。转引自 Michel Foucault, *The Use of Pleasure*, New York: Vintage Books, 1990. pp. 11-12.

② 刘永谋：《福柯的主体解构之旅》，江苏人民出版社 2009 年版，第 89 页。

通过一系列的分析，我们看到了福柯对崇尚“起源”“连续性”“总体性”历史主义历史观的质疑和批评。福柯提醒我们历史主义是一种哲学的历史神话，这是一种不真实的历史观，是一种受制于崇尚主体的人类学束缚的历史观。真实的历史研究不会从先验主体的视角去看到历史，看待真实的历史的态度也不会去试图保持着客观的态度。对真实的历史的分析应是考古学和谱系学的分析，这意味着尊重历史中的断裂、层次、变化，尊重历史中偶然性，并且他要做的不是去关注人类总体性的遥不可及的“命运”，而是现实生活中的活生生的每个个体的历史性的生存状况，并且通过这种分析，寻找一条真实的自由之路。

古希腊罗马社会中的“关切自我”的修身技术和生活的风格在历史上真正地存在过，这为当下人的生存出路提供了一个很好的借鉴。虽然这并不意味着要回到古代社会，却不失为一个很好的历史借鉴。“曾经”的真实存在印证了“把自身塑造为艺术品”的生活美学的真实的可能性和“再次”的可能性。寻找真实的历史，才能找到真实的主体如是的来源；借鉴真实的历史，才能找到真实的自由，而这正与带有理论虚构性和逻辑性的历史主义历史观背道而驰。因此“真实的历史属于谱系学的历史本体论”①，也就是说对真实的历史的考查是运用谱系学的方法对“我们自身的历史的存在论”的考查。

而福柯对主体的历史的谱系工作是从三个角度来进行的，福柯认为：“系谱的三个领域是可能的。第一，有关真理的我们自身的历史本体论，通过它我们自命为知识主体；第二，有关权利领域的我们自身历史本体论，通过它，我们自命为作用于他人的主体；第三，有关伦理学的历史本体论，通过它，我们自命为道

① 莫伟民：《莫伟民讲福柯》，北京大学出版社2005年版，第188页。

德的代理人。"[①]福柯自己曾说过:"我的目的是要研究一种据以在我们的文化中把人变为主体的各种方式的历史。我的工作是研究将人转变为主题的三种客体化方式。"[②]那么,人是如何变成了知识的主体、权力的主体、伦理的主体的;福柯为何会选择这几个向度;福柯如何看待这三种主体化方式的等这些问题是值得进行探讨的,这也将成为下一章继续探讨的内容。

---

① [美]德赖弗斯、保罗·拉比诺:《超越结构主义与解释学》,张建超、张静译,光明日报出版社1992年版,第306页。

② [美]德赖弗斯、保罗·拉比诺:《超越结构主义与解释学》,张建超、张静译,光明日报出版社1992年版,第271页。

第三章　主体的历史

福柯把自己的思想研究总结为是要研究一种据以在我们的文化中把人变为主体的各种方式的历史，研究将人转变为主体的三种客体化方式。这三种方式就是福柯思想研究所围绕的三个轴线：知识轴线、权力轴线和伦理轴线。因此，可以按照福柯对这三个轴线展开的思考把他的思想划分为三个阶段：第一个阶段是对知识的考古学的时期（1970 年以前），这个时期的主要著作包括《疯癫与文明》《临床医学的诞生》《词与物》和《知识考古学》；第二个阶段是对权力的谱系学研究的时期（1970～1976），主要文献包括《话语的秩序》《尼采、谱系学、历史》《规训与惩罚》《必须保卫社会》《不正常的人》和《性经验史》第一卷等；第三个阶段是伦理学或者“生存美学”时期（1976 年以后），主要文献包括《对活人的治理》《主体性与真理》《主体解释学》《性经验史》的二、三卷和《道德的复归》等。

在知识考古学时期，福柯运用知识考古学的方法对疯癫、精神病学、临床医学以及整个的人文科学的历史进行研究。通过对这些领域中的知识型和话语系统的分析，对知识史、科学史、文明史进行局部性和领域性的全新梳理，对主体性的观念、知识性的认知模式等观念进行批判，揭示科学、知识背后深层的话语结构。

在权力谱系学时期，福柯逐渐淡化了对话语的实践研究，而是把话语实践与话语之外的实践策略综合起来进行研究，引入了知识—权力的分析方法，对监狱、性、生命的管制与权力理论相联系进行分析，以一种对权力的微观视角去把握权力对人的生产性的功能，并对知识与权力之间的关系进行分析和解释。在福柯的分析中，权力不是从上而下的宏观视角下的征服和统治，而是一种无处不在、与现实中的人息息相关的一种空间性的关系网络，个体就在这个网络中被塑造和规训，人也成为一个权力所生产、被奴役和被压制的对象。

在伦理学时期，福柯从对性经验的历史研究入手，对道德、自身与自身的关系、自身与他人的关系的运行方式进行了历史性的考查，谱系了从古希腊时代的自我修身技术和风格如何经过古罗马、中世纪最终演变为现代的主体化方式的历史。用福柯自己的话来说就是描述了“以伦理学为导向的道德”演变成为“以规范为导向的道德”的过程。在这个研究过程中，福柯看到古希腊生存美学对于个人生存的重要作用，提出了现代的生存美学的思想，提倡一种以“生存美学”的生活态度和方式摆脱现代人的生存困境和伦理困境。

第一节　知识—权力与理性—自由

福柯为何会选择对知识、权力的研究，为何不是其他领域？这要首先从福柯所主要关注的历史时期说起。福柯在《词与物》的前言中曾经说道：“从 19 世纪以来，完全发生变化的正是这一构型；表象理论，作为所有可能的秩序的普遍基础，是消失了……但是，随着物愈来愈变得反省的，并只是在它们自己的生成变化中探寻它们的可理解性原则，还放弃了表象的空间，人随之并且第一次进入了西方知识领域……人可能只是物之序中的某种裂缝，或者，无论如何，也只是一个构型，其轮廓是由他近来在知识中所占据的新位置所确定的。由此产生了新人本主义的所有幻想，'人类学'所有唾手可得的锦囊妙计，它们都被视作对人作的普遍的、一半是实证和一半是哲学的思考。"[①]福柯认为人是19世纪的产物，指的是哲学和整个文化都体现出一种这样的特征：如果离开人这个中心，哲学和文化就不能思考。在福柯的眼中，19世纪时，人才成为知识所探讨的核心。福柯接着讲道："人们不难发现，这种研究(人文科学考古学研究，笔者注)，有点重复了我先前的设想，即撰写古典时代的疯癫史；它们在时间上都有相同的连接方式，都把文艺复兴末期当作出发点，都在19世纪转折点上遇到了我们至今尚未走出的现代性的门槛。"[②]也就是说，福柯主要研究的历史时期就是从文艺复兴到19世纪这个时段。但是，福柯在此提到了人类学、现代性，时段、人类学、现代性这三者在福柯的思想中有着自己的特定位置，并且是相互关联的，这成为解开福柯为何选择话语、权力、伦理学研究领域的一把钥匙。

前面，我们在分析福柯对于历史主义的态度时，认为福柯对历史主义的批判，也是对人类学和人本主义的批判，同时也是对形而上学先验主体的拆解，因为历史主义历史观隐含着对于主体的膜拜，一方面主体成为架构这种历史观的内在构架，另一方面，连续的、总体的历史又成为主体的庇护所。为什么福柯会反对主体？为什么福柯希望历史学能摆脱人类学的束缚？这些问题是前面有所涉及但并没有具体地阐明和解释。而这个问题同时又和福柯选择对知识、权力、伦理学进行分析的缘由有着密切

---

① [法]福柯：《词与物》，莫伟民译，上海三联书店2001年版，第12页。

② [法]福柯：《词与物》，莫伟民译，上海三联书店2001年版，第13页。

关联。要解决这些问题，需首要解答的就是：福柯所指的人类学的具体是指什么呢？这与主体有什么关系？

福柯在1965年2月接受电视节目采访时对人类学给出了一个比较明确的描述。这个采访的节目的主题是：哲学与心理学。当被问及哲学与心理学的关系时，福柯给出了两个可能性的答复。一是：福柯认为从19世纪以来，心理学并且通过心理学以及人文科学诸学科与哲学之间形成了一种复杂的关系，那么这种关系该如何认识。福柯认为西方哲学在追寻自我意识与方法的过程中，曾经在黑暗中盲目地、从某种程度上来讲凭空的划定一个区域，让它成为灵魂或者思想，它成为现在人文科学以清醒、明确和实证的方法进行开拓的遗产，人文科学完全有可能占据这个曾经被哲学发现又遗弃了的荒地，而作为人文科学一种形式的心理性就是要探寻这个荒地，这个处于黑暗中的未知领域，比如弗洛伊德对于潜意识的研究，这是处于显现之下的隐蔽着的领域。福柯认为这种方式的实质就是运用现代人文科学的方法试图去解决从古希腊思想中萌发出来的西方哲学所面对的古老问题，这种方法与实证主义的哲学有着内在的联系。而另外一种答复，福柯说："另外，还可以有一种完全相反的答复，19世纪以来，某种类似人类学不是指一般被称为人类学的那门科学，那门科学主要是研究与我们的文化不同的文化；我所谓的人类学是指哲学特有的某种结构，它决定了目前哲学的所有问题都处于某一特定的范围内，即人类的局限性。如果说离开了人，离开了自然的人或者有局限的人就不可能再有什么哲学探讨，那么是否可以说，哲学最终就一种人类学呢？这样，哲学就成了一种文化形式，它可以包括所有关于普遍意义上的人的科学。"[①]这正是福柯对人类学的非常清晰、直接的描述。福柯说

---

① 杜小真编选：《福柯集》，上海远东出版社1998年版，第69页。

第二种答复与第一种答复恰恰相反，指的是第二种答复试图把所有的人文科学都纳入了西方哲学发展的历史过程中，而前一种答复则是把哲学看成是导致了人文科学产生的某种凭空而造的设想。

福柯在《词与物》中道出："人之死"中的"人"指的正是渗透在哲学中的人类学的结构。福柯认为人类学的出现使哲学陷入了"人类学沉睡"，这种"人类学沉睡"指的是现代哲学陷入了主体的漩涡，从而成为主体哲学。而福柯认为这样的一种哲学态度——对主体的执着甚至是迷恋是现代社会问题的思想根源。刘永谋认为主体哲学一个比较典型的特征就是："主体哲学，是把人看成主体的哲学，并且是以主体、人(类)或自我为基础和中心的哲学，它坚持用主—客二分的认识论框架来进行哲学反思。作为基础，主体是主体哲学核心的出发点；作为中心，主体是主体哲学的问题域。"[①]龚群认为："主体哲学的一个根本特征在于主体与客体的二分式思维，即把主客二分作为本体论的前提。"[②]按照这种理解去回顾哲学史，可以发现，从笛卡儿，经康德、黑格尔，直到胡塞尔都可以称为主体哲学的具体的体系和样态。这样一种对于"人"的执迷，不仅仅认为"人"是哲学的中心论题，而且认为所有问题的答案都能通过对人的本质把握得到合理的解决，比如哲学本身的合法性、科学的合法性，更为重要的比如是伦理问题。因为所有的问题都是"人"的问题，答案也毕竟隐藏其中。张汝伦认为："主体—自我既是它(指主体哲学)的起点又是它的终点。"[③]刘永谋认为："这种哲学以主体为中心

---

① 刘永谋：《福柯的主体解构之旅》，江苏人民出版社 2009 年版，第 29 页。

② 龚群：《从主体哲学到交互性主体哲学——后形而上学方法论问题》，《社会科学战线》2002 年第 2 期。

③ 张汝伦：《自我的困境——近代主体性形而上学之反思和批判》，《复旦学报》(社会科学版)1998 年第 1 期。

和基础即奠基于并且局限于人(类)或主体的有限性之上。"①我们可以用一个形象的物来比喻:人是一个陀螺,不管怎么转,总也转不出自我之外。主体哲学的探讨以人的有限性出发,又终止于主体自身。福柯说:"我们发现哲学再次沉睡于这一褶层中;这不是独断论的沉睡,而是人类学的沉睡。所有经验知识,只要关涉人,都能充当可能的哲学领域:在这个领域中,认识的基础、认识界限的限定以及最终所有真理的真理,都必定被揭示出来。现代哲学的人类学构型在于把独断论一破为二,在于把独断论分为相互依赖和相互限制的两个不同层面:对就其本质而言人之为何的前批判分析变成了对一般而言能赋予给人的经验的一切的分析。"②

福柯反对主体哲学(人类学),那么原因何在?前面我们提到,福柯认为这种局限于人类有限性的领域的哲学结构是现代社会问题的思想根源。这具体体现在什么地方?

在福柯眼中,主体哲学可以说是基督教哲学走向衰落的结果,主体哲学反对"神本",提倡"人本",把人看成主体,并且不断地拔高主体并且赋予人一种高高在上的位置。主体哲学确实赋予了人尊严,坚定了人对自身的自信,对人类社会的发展起到了积极的作用,但是这种毫无止境的对人的绝对性的执迷,失去了从人之外的世界与自然的角度去理解世界和把握自然与人之间关系的能力,这是一种自我的蒙蔽:只局限于一种片面的主体的眼光来理解世界,从而失去了对无限的思索。福柯认为在主体哲学之前,"对人的思考始终是第二位的,在所谓的第一位的思考之后,第一位的思考是对无限的思考。一般来讲这总是意味着对下列问题的追问:既然真理就是它本来的样子,数学或物理

① 刘永谋:《福柯的主体解构之旅》,江苏人民出版社 2009 年版,第 29 页。

② [法]福柯:《词与物》,莫伟民译,上海三联书店 2001 年版,第 445 页。

学教给我们很多东西，为什么我们的感知范围如此局限？为什么我们的认知范围也如此局限？为什么我们会犯错误？从康德开始，情况完全反过来了，不再是从无限或真理出发去投影式的提出人的问题。从康德开始，无限不再在讨论范围以内，只有有限在理性可以认知的范围之内。从这个意义上讲，康德的批评本身含有某种人类学的成份（或冒险）。”[①]福柯的分析基本是符合事实的（笔者看来，康德恰恰告诉我们通过知识通达自由和宗教的领域的不可能性，试图压制知识性对自由的作用。但是康德的理性又指向了自由，并且赞颂了人是自然的终极目的），无限问题在康德哲学中转变为“物自体”或“上帝”，康德对此的看法是对“物自体”我们不可能认识，我们的问题都局限在现象界。“于是，在康德那里，哲学失去了超越的可能，而被困于人或主体自身。因此，主体哲学注定是片面的，缺少无限之维的。福柯言之有理。”[②]

康德的三大批判分别提出和试图解决三个问题：我们能认识什么，我们应该做什么，我们能期望什么？总体上回答的是“人是什么”的问题。陈嘉明讲道：“康德的主体性哲学为现代性所塑造的‘人’的观念，是把人视为目的，而且是宇宙世界的‘终极目的’。康德不吝用各种最强烈的用词，来赞誉人的终极目的性。人是‘唯一的’一种存在，他的目的性是一种原因性，能够据之来为道德立法；人作为终极目的是‘无条件的’，他不需要任何别的东西作为他的可能性的条件；人之所以是终极目的，在于他是道德性的存在，他的‘善良意志’使其具有某种‘绝对价值’。甚至，整个宇宙大千世界，尽管有着多种多样的造物，但如果没有人的话，就都会是‘无意义的’；也就是说，‘没有人，这整个创

① 杜小真编选：《福柯集》，上海远东出版社 1998 年版，第 75 页。

② 刘永谋：《福柯的主体解构之旅》，江苏人民出版社 2009 年版，第 33 页。

造都将只是一片荒漠，是白费的和没有终极目的的’。”[①]康德的思想中确实透出对“人”在自然与世界中地位的强调，甚至“世界秩序”都是人安排的，福柯也是看到了这一点。尊重和崇尚人本身的价值和尊严，这是无可厚非的，但是人类却在不知觉中抬高了自身在世界中的地位，这必然带来“世界秩序”的变化和错位——人有特殊性，但是也是世界中的普普通通的一员而已。并且，康德主张在现象的领域来对人进行有限性的分析，把对人的探讨局限于现象领域，局限于人的有限性，这在福柯看来是一种限定性的分析，福柯在《词与物》中讲道：“在不同知识的层面上，尽管限定性的确总是从具体的人和能归于其存在的经验形式出发而被指明，但是，在考古学层面上（这个层面揭示了每一种这样的知识之普遍的和历史的先天性），现代人——只有作为限定性之构型才是可能的。”[②]福柯认为通过限定性的分析，主体哲学突出了主体的核心地位，主体成为全部自康德以来的现代思想的中心，哲学探讨的问题集中于：作为有限的主体，如何能把握无限的世界（或者具体为从主体到达客体、知识如何通向活生生的生活世界）？这正是主体哲学的问题所在之处，也是主体哲学的困境。福柯说道：“人们可以懂得：古典思想以及所有先于它的思想形式都能谈论身心、人类、他在宇宙中的狭小位置、测定他的认识或他的自由的所有界限，可是，它们当中没有一个曾能认识像在现代知识中所设定的人。文艺复兴‘人本主义’和古典‘理性主义’都能恰当地在世界之序中给予人一个特殊的位置，但它们都不能思考人。”[③]福柯的意思很明白，那就是在康德之前，“人”并没有成为一个中心性的存在，并没有成为知

① 陈嘉明等：《现代性与后现代性十五讲》，北京大学出版社 2007 年版，第 42 页。

② [法]福柯：《词与物》，莫伟民译，上海三联书店 2001 年版，第 445 页。

③ [法]福柯：《词与物》，莫伟民译，上海三联书店 2001 年版，第 414 页。

识性的核心，而从康德以来的现代哲学最基本的工作就是不断反思主体，力图理解主体的有限性，从而试图对这个问题给出一个合适的答案，这在黑格尔那里表现为“实体即主体”，也体现在胡塞尔从“先验主体”出发寻找知识的合法性。福柯认为：“现代文化能思考人，因为它是从自身出发来思考有限。”[①]主体哲学一方面带有片面性，因为主体哲学没有“无限”之维度。即使涉及“无限”，“有限”与“无限”不可弥合的空隙始终是困扰着哲学的问题。福柯还认为自康德以来的哲学面对着三个不能解决的理论问题：先验与经验、我思与非思、起源的隐退与返回。

在哲学史的发展中，先验问题一直存在着，这表现在柏拉图对理念世界与现象世界的区分，也表现在洛克与莱布尼茨关于知识来源的论证中。莱布尼茨就认为，心灵是一块布满花纹的大理石，知识来源于天赋。但是康德对经验与先验的区分，是主体之经验—先验分析最著名的早期尝试。福柯认为，康德对经验与先验关系的研究，得出了这样的结论：“只有经验判断或经验的观察才能建立在表象内容的基础之上。任何其他的联系如果要成为普遍的，就都必须建立在所有经验以外的基础上，都要建立在使得经验成为可能的先天之中。这并没有涉及到另一个世界，而是涉及到世界的任何表象一般据以存在的诸条件。”[②]在康德那里，先验形式成为整理和规范经验现象的基础和前提，但是随后的哲学发现，康德的区分并没有完全解决知识的合法性问题，经验和先验这两者之间的“裂痕”也没有得到“弥合”。福柯看到，经验—先验这二者之间一直是缠绕哲学的阴影，要么强调经验，压倒先验；要么突出先验，贬低经验。

我思与非思的关系同样处于一种模糊的状态，在笛卡儿看

---

① [法]福柯：《词与物》，莫伟民译，上海三联书店2001年版，第445页。

② [法]福柯：《词与物》，莫伟民译，上海三联书店2001年版，第316页。

来，“我思故我在”，“我思”保证了知识的确证性所在。但是，福柯认为“我思”不能彻底的反思自我意识，不能澄清非反思性的我思，“我思”中的思考只能是一种反思。按照笛卡儿的思想，“我思”是整个形而上学的大厦的地基，但是“我思”所要求的明晰性并不能适用“我思”自身。福柯认为，笛卡儿试图以“我思”为支点消除被谬误和幻觉困扰的危险，即使这个幻觉被认识并被“认识之光”照亮，然而现代精神分析学却告诉我们在自我意识之外隐藏着处于“暗箱”当中的潜意识。那么“我思”该如何思“我思”之外？按照福柯的观点，人的存在并非是纯粹思的存在，更不是“我思”的存在，即使“我思”关联到“我在”并且把“我在”带到了“光亮之处”，“我在”仍然具有在“我思”之外的沉默区域。福柯说：“我思并不导向存在的一种断言。”[1]

主体哲学试图为自己寻找一个神圣的、具有“立据”作用的起源。如果能解决人之起源的问题，主体哲学就获得了一个坚实的基础，但是，福柯看到这个问题也并没有得到解决。福柯认为，主体哲学一方面探寻“人”的起源时，另一方面却意识到当我们把眼光投向“人”之时，“人”已经在那里，“人”一经出现被生命、劳动和语言包围。福柯发现：“当人设法把自己确定为生物的存在时，人只有在一种其本身先于人而开始的生命基础上才能发现自己的开端；当人设法把自己重新恢复为劳动的存在时，人只有在早已被社会所制度化、所控制的人类时间和空间的内部，才能阐明这样的存在之最基础的形式；当人设法确定其讲话的本质时，人只能发现早已被展开的语言的可能性，而非素有的语言和语言本身词的含义。正是始终在一个早已经开始的基础上，人才能思考可用作为其起源的东西。因此，这个起源对人而言根本不是开端，不是人以后的所有获得都可据以被积累的历

① ［法］福柯：《词与物》，莫伟民译，上海三联书店 2001 年版，第 423 页。

史的第一个早晨。起源，更确切地说是一般的人、无论什么样的人借以与早已开始的劳动、生命和语言互相连接的方式。”[①]福柯认为，人所思考的起源根本不是开端，无论历史时间如何的往后退却，我们总是发现人已经在历史中、在世界中，起源一直在躲避着追寻起源的目光后退。另一方面，按照现代人类学思想的理论，历史是人的历史，人既是历史的缔造者又是历史的书写者，那么探讨人的起源的历史性就又重新回到了人自身当中去，这是一种返回。人的起源不断隐退又不断返回，人成了一个自转的“陀螺”。刘永谋认为：“限定性分析的两个三面性，就是主体哲学建构主体的三对分裂和基本矛盾。福柯对三个两面性的条分缕析，无非是想表明：现代主体哲学反思基本尝试过所有可能的解决方案，但是，主体—人的形象仍然是晦暗不明的、分裂的——正是在此意义上，德费才评论说：“‘四百年西方智力史本质上就是笛卡儿我思耗尽的故事’。我们可以进一步说，正是限定性分析以及主体哲学的混乱，把现代思想引入了一个困境：在摇摇的主体—人基础上，现代思想四分五裂，相互矛盾。”[②]

福柯在《词与物》指出了主体哲学在理论上的困境，而且还深刻地分析了主体哲学的实践观。福柯认为，现代的实践观和伦理观是奠基于主体哲学对人的认识尤其是对“人”的限定性分析之上。这样一种实践观就认为对“人”本身的认识越清晰、越有知，人们的伦理实践就会越高尚，人就会获得更多的自由。在接受关于“人之死”的观点采访时，福柯谈到自己的《词与物》一书的宗旨：“在《词与物》一书中，我说明 18 世纪末 19 世纪初人是由哪些部件和哪些碎片组成的。我尝试指出这一形象的现代性特征。我觉得该书重在指出，人们之所以想到要科学的认识

---

① [法]福柯：《词与物》，莫伟民译，上海三联书店 2001 年版，第 430 页。

② 刘永谋：《福柯的主体解构之旅》，江苏人民出版社 2009 年版，第 33 页。

人类并不是出于对人的伦理关注，恰恰相反，是因为人们首先把人先构成一门可能的学问的对象，才使得现代人文主义的所有主题得以发展。”[①]当然，福柯认为认识人类并不是出于对人的伦理关注，福柯的本意并不是看不到对人本身的认识就是出于一种伦理学的关怀，而是强调主体哲学的伦理实践与关于人本身的认识之间的关系以及现代伦理学的特征。福柯的《词与物》一书的标题是人文科学考古学，可以说就是对思想的演变史的考察，其目的正是在于指出现代的实践观、伦理观、自由观的特征，其特征就是：主体哲学尤其是限定性的分析对人的认识不是服务于现代实践、现代伦理的。恰恰相反，现代实践观、伦理观、自由观是奠基于对人的认识的基础之上的。“现代实践观、伦理观本质上是对人的认识结论尤其是限定性分析实践化和伦理化的产物。”[②]现代的实践观因此认可了这样一种思维定向：对人的自身的揭示成为我们自身的行动之源，伦理的原则也在这种认知中得到“矗立”。换句话说就是，我们必须首先知道应当如何行动才能行动，而这一“应当”就是在对自我的限定性的分析之中。正是因此，福柯才说：“现代伦理并没有表述一种道德：但其理由并不是因为现代思想是一种纯粹的思辨；完全相反，现代思想，一开始并且就其深度而言，就是某种行动方式。”[③]但是，这种执迷于从知识跨越到自由和伦理的实践却遭遇到了无法跨越的“沟壑”。刘永谋认为：“实际上，在现代思想中，我们认为关于人的认识本身就是伦理学的或政治学的，而不仅是作为它们的基础出现的。也就是说，这种认识在现代社会中不仅满足于人们对自身的好奇心，同时还要指导我们如何行动，甚至后者是一种更为基础性的认识动力。于是，随着现代思想对自身的解

---

① 杜小真编选：《福柯集》，上海远东出版社 1998 年版，第 79 页。

② 刘永谋：《福柯的主体解构之旅》，江苏人民出版社 2009 年版，第 42 页。

③ [法]福柯：《词与物》，莫伟民译，上海三联书店 2001 年版，第 427 页。

读的坚持不懈和卓有成效的推进，人的丰富和神秘逐渐沦为各种知识的规定和简单的教条，现代实践彻底被主体或者对人的各种认识所统治，陷入了主体的统治之中。福柯的分析反映了现代实践观的根本症结。这一点，可以从康德实践哲学中得到佐证。作为现代哲学最典型的代表，康德的实践哲学反映了现代实践观的上述特征。”[①]这段评论一方面切实地表达了福柯对于主体哲学的实践观的寓意，另一方面也指出了康德作为这种主体实践观的具体的代表性。

为何福柯认为主体哲学起始于康德，而不是笛卡儿？这正是因为笛卡儿只是在知识和理论的领域进行的探讨，而康德却从关于对“人”的认识跨越到对伦理和自由的关注。我们前面提到福柯自己承认分析的主要历史时期是从文艺复兴到19世纪，这难道不正是跨越启蒙时代的时期吗？福柯还说在19世纪的转折点上我们遇到了到现在都没有跨越的现代性门槛？难道主体哲学、启蒙、现代性之间有着某种内在的联系吗？事实确实是这样子的：“现代性作为一种观念，是欧洲思想启蒙运动的产物。康德作为启蒙哲学的杰出代表，对西方哲学旧有的哲学、宗教和文化进行了深刻、全面的批判……他（指康德）对以理解人为核心（表现为‘人是什么’的命题）从知识、道德、法律、历史等维度进行的系列批判，为现代社会的发展提出了从目的到手段的一整套理性观念与原则，为造就一个以‘理性’（既同‘神性’对立，又超出了人的‘自然本能的能力’）为特征的现代社会投射了思想之光。因此，有如著名的后现代思想家利奥塔所评价的那样，康德哲学标志着现代性的序幕。”[②]并且陈嘉明还指出：“康德在《什么是启蒙》一文中所表达的基本观念，乃是‘理性’与‘自由’。

---

① 刘永谋：《福柯的主体解构之旅》，江苏人民出版社2009年版，第43页。

② 陈嘉明等：《现代性与后现代性十五讲》，北京大学出版社2007年版，第48页。

……这两个主题贯穿康德整个哲学思想的核心，从而也就是他的现代性思想的核心，它们两者一起构成了他的现代性态度的基本'纲领'。"[①]在康德看来，自由是人公开地运用自己的理性的自由，理性又成为人类通向自由的原则和路径。理性和自由不正是人的自由吗？不正是主体的自由吗？那么，康德不正是主体哲学的典型的代表吗？

由此，福柯选择对知识和权利、伦理的分析的缘由这个问题的答案也在逐渐变得明晰。我们看到，福柯的第一本著作就是《疯癫与文明》，其实讲述的就是理性与非理性之间的"格斗"的历史，而福柯对权力的分析却得出结论认为权力使现代人成为被奴役、被生产的对象。我们发现，福柯在自己的研究中暗示了两个对立：理性—疯癫，权力—自由。这不正是福柯对启蒙运动提倡的理性与自由的观念的质疑吗？因此，我们终于可以下结论说福柯对知识（真理）、权力的分析恰恰是对人类学的主体哲学的反驳，是对启蒙运动崇尚理性与自由的质疑，而其更深层的原因，福柯是认为这种奠基于对把人当作对象性的认识为伦理和自由的出发点的伦理观，在现代社会的现实中并没有让人变得理性和自由；相反，人成为自身制定出的规则和规范的产物。那么福柯所作的理论探索不正是用历史事实告诉我们这个过程吗？但是福柯对待"启蒙"的态度是相当复杂的，我们不能简单地认为他是反对理性和自由，如其说是拒绝，不如说是学习到启蒙的一种精神气质——批判和质疑，这也正是福柯在康德的思想中借鉴的东西。他拒绝对"启蒙"的非此即彼式的肯定或者否定，用他自己话说就是拒绝"启蒙"的"敲诈"，"敲诈"指的是你要么接受启蒙的理性主义传统，要么是反对这种理性原则。而在

① 陈嘉明等：《现代性与后现代性十五讲》，北京大学出版社2007年版，第50页。

福柯看来，明智的态度应该是："保持一种清醒的头脑，对启蒙的精神实质怀有正确的认识，重在承续发扬它的质疑与批判的精神。"[①]福柯曾经说过："一方面，我曾想着着重指出哲学的质疑根植于'启蒙'中，这种哲学质疑既使得同现时的关系、历史的存在方式成为问题，也使自主的主体本身成为问题。另一方面，我曾想强调，能将我们以这种方式同'启蒙'联系起来的纽带并不是对一些教义的忠诚，而是为了永久地激活某种态度，也就是激活哲学的'气质'，这种'气质'具有对我们的历史存在作永久批判的特征。"[②]那么，福柯的"批判"指向的是什么呢？我们可以从福柯的话中找到线索："我们作为由'启蒙'在某个方面从历史上加以确定的人，应该设法对自身进行分析。"[③]在福柯的眼中，我们现代人正是启蒙历史的产物，也就是现代人追求理性与自由过程中的产物，但是这个具体过程是什么呢？它产生了什么样的结果呢？福柯抓住了"启蒙"内在的精神气质——哲学的质疑与批判，对启蒙本身发展的历史进行分析，"启蒙"成为自身的"他者"，成为反思"启蒙"自身的工具。

福柯"相信在批评和转型、'思想的'批评和'真实的'转型之间应该有一种对立。批评不是要指出事物没有按原来正确的方向发展。它的职责是要指明，我们的行为实践是在怎样的假设、怎样随便和不加思考的思维模式上建立起来的。我们不应该把人类生活和人类关系中极为重要的思想看成是多余的。思想存在于话语的体系和结构之上。它经常被隐藏起来了，但却为日常的行为提供了动力。甚至在最愚蠢的制度中也存在着思想，甚至在沉默的行为中也存在着思想。批评可以把思想进一步擦亮，并努力改变它：表明事物并不是如人们所相信的那样不言而

---

① 陈嘉明：《启蒙的意义与现代性的合理性》，《求是学刊》2006年第3期。

② 杜小真编选：《福柯集》，上海远东出版社1998年版，第536页。

③ 杜小真编选：《福柯集》，上海远东出版社1998年版，第537页。

喻的，使人看到不言而喻的东西将不再以这种方式为人们所接受。批评短时间就是使得自然的行为变得陌生化”[1]。福柯在此就是要对人们觉得“启蒙”这样的历史事件和观念具有的理所当然性提出批评和质疑，让人们本来觉得已然熟悉的东西陌生化，正如福柯对知识—权力的考古学和谱系学的分析所展示的，对理性与自由的渴望和希冀与其历史事实存在着巨大的不一致性。因此，对知识—权力的历史分析在福柯的思想中具有了某种必然性。同时，我们也会看到，福柯在对知识和权力的一番分析之后开始转向伦理学领域的原因。

第二节　理性的独白与疯癫的沉默

福柯同意帕斯卡尔对疯癫的独特的看法：“人类必然会疯癫到这种地步，即不疯癫也只是另一种形式的疯癫。”[2]福柯无非想指出所谓的对“不疯癫”的追逐，也会成为一种疯癫，福柯在此指的正是与疯癫相对立的“正常”和“理性”。同时，福柯还借陀思妥耶夫斯基的话给出了自己的评价：“人们不能用紧闭自己的邻人来确认自己神智健全。”[3]福柯所撰写的就是一部关于这种“不疯癫”的历史，通过让疯癫变得沉默来确保理性主体自身的“神智健全”的历史。在福柯看来，人们正是用一种至高无上的理性所支配的行动把邻人给禁闭了起来，并用一种非疯癫的冷酷语言相互交流和相互认同。而他自己要做的工作就是去确定这种“共谋”的开端，用福柯自己的话来说就是：“它在真理领域中永久确立起来之前，它被抗议的激情重新激发起来之前的确立时刻。我们有必要试着追溯历史上疯癫发展历程的起点。在

---

① 杜小真编选：《福柯集》，上海远东出版社 1998 年版，第 536 页。

② [法]福柯：《疯癫与文明》，刘北成、杨远婴译，三联书店 2010 年版，第 1 页。

③ [法]福柯：《疯癫与文明》，刘北成、杨远婴译，三联书店 2010 年版，第 1 页。

这一点上，疯癫尚属一种未分化的体验，是一种尚未分裂的对区分本身的体验。我们必须从运动轨迹的起点来描述这‘另一种形式的疯癫’。”[①]福柯把这种历史考察命名为“疯癫与文明”，文明指的就是理性的文明，福柯在出版此书时曾用过“理性时代的疯癫史”这样一个副标题。因此，福柯对疯癫史的考察也变成为对理性史的隐性考察。

福柯认为所谓的“疯癫”根本不是自身确立的，而是理性强行使非理性成为疯癫、犯罪或疾病的真理。当福柯谈到“疯癫”这种体验时，并不是指一个时代的人们意识到其他时代所没有看到的有关疯癫的具体个人的某些内在和行为特征，而是指一个特定的历史时代人们看待疯癫的特定方法和把疯癫构建为一个思考和认知对象的方式。福柯认为，不同时代的人们对待疯癫的态度是有差异的，因此对不同历史时代的疯癫体验的考察实际上就是要去描述疯癫在历史中跌宕起伏的坎坷命运。基于此，福柯把考察的时期分为文艺复兴时期、古典时代、现时代三个历史时段。

福柯指出，古希腊人与他们称之为“张狂”的东西有某种关系。这种关系并不仅仅是一种谴责的关系，但是希腊人并没有排斥这种“疯癫”，希腊人每年都会举行一次“酒神”节的活动就证明了这一点。然而，自中世纪初以来，欧洲人才与他们不加区分地称之为疯癫、痴呆或精神错乱的东西有某种关系。也许正是由于这种模糊不清的存在，西方的理性才达到了一定的深度。

中世纪末，人们对疯人的态度有所戒备。文艺复兴时期，在绘画中占据特殊地位的愚人船中，这种奇特的“醉汉之船”沿着平静的莱茵河和弗兰芒河巡游，城镇将这些人驱逐出去，在没有把他们托付给商旅或者香客队伍时，他们被准许在空旷的农村

---

① [法]福柯：《疯癫与文明》，刘北成、杨远婴译，三联书店2010年版，第1页。

流浪。福柯看到真实存在的愚人船航行于各城镇之间，这些愚人们过着一种轻松自在的流浪生活。福柯猜想，这些愚人船很可能是朝圣船，极为象征性地运载了这些特殊的“非理性”的人去寻找他们的理性。福柯发现，在文艺复兴的文学和艺术中，疯癫并没有沉寂，而是有着自己的“声音”的，理性与疯癫互相交谈、对话，类似李尔王和他的愚人之间的对话。这也表现在“愚人船”所传达出的意义之中：一方面，愚人的航行意味着把自己与理性的人之间的“正常”的生活相分离，疯人不时地被赶离他们到达的新城镇。另一方面，愚人船往往被人们赋予了想象和寄托的意义。愚人生活在文明的边缘，但是他们并没有彻底从这个生活中被隔离出去。尽管愚人船并不代表自由，但是在某些方面，它们与医院相反，因为疯人远非被拘禁，而是被迫流浪。疯癫并有使社会感到害怕，疯癫还常常通过文学和绘画的形式来显现世界的荒谬，疯癫在理性之外显示了一个特殊的意义王国。正因为这点，疯癫并没有被社会所完全排斥，因为很多有识之士都非常看重疯癫的作用，尤其是艺术领域的创作者。在理性与非理性的疯癫之间，存在着许多社会的和知识的联系途径。在文艺复兴时期的人看来，疯癫常常以一种不能完全理解的形式传达着某些真理的成分。

然而，在 17 世纪中期，历史发生了一个突然的转变：疯癫在世界范围内已不再被寄予某种流浪性的幻想，愚人船也渐渐地被人们淡忘，这艘船已经被“搁浅”并被改造成了一所医院。“禁闭”代替了“远航”，人们借以体验“疯癫”的方式和对待疯癫的态度发生了变化。从 17 世纪中期直到 18 世纪末，理性与癫狂之间的关系发生了巨大的变化，现在疯癫已经不像文艺复兴时期，疯癫是理性的衬托，不断地进行着对话和争执，疯癫已经从理性和正常的生活中渐渐地被排斥掉了。通过“禁闭”，疯癫的声音已经渐渐地变得哑然，福柯通过对史料的整理分析看到，在 17

世纪建立了大量的禁闭院，在法国，甚至超过百分之一的巴黎市民被关进了禁闭院，并且在1656年，法国政府还颁布了在巴黎建立总医院的法令。这所医院的性质并不是一所医疗机构，而是一个行使行政权力的机构，机构内设有火刑柱、监狱和地牢等设施，福柯认为这与任何医疗观念都无关，而是一种维持秩序的象征，而疯癫的人、愚人曾是带给秩序的混乱的主体。总医院、禁闭所、宗教和治安机构、救济所、政府的慈善和福利机构都是对待“疯癫”的具体的实体化的象征。福柯看到，在这些机构中，不仅有疯人，而且还有病人、穷人、同性恋者、纵欲者、渎神者、叛逆的孩子、没有责任心的父母等。之所以这些不同的人同时被禁闭在一起，因为他们都是对古典时代的理性行为准则相背离的，他们都是属于非理性的类型。他们都具有一个明显的特征：懒散。社会把这种“懒散”视为一种邪恶的形式，这些人不参加社会劳动。禁闭的功能与医学上的治愈疾病没有关系，如果真有某种类似，那么也是治愈社会被这些“蛀虫”吞噬的“机体”，因为他们这些人总会带来混乱的秩序和危害。福柯坚持认为，“禁闭”作为一种经济措施和社会预防方法，具有新的特点，与文艺复兴时期的“疯癫”经验有着很大的不同，一方面人们在观念和意识上把疯癫当作理性的对立面，另一方面人们按照理性的集体性的规范把疯癫排斥在外，并且疯癫已经被看作一个需要加以限制的对象。福柯认为这种“禁闭”的直接和明确的目的是经济上和政治上的，是社会发展对于劳动力的需求推动的结果。福柯说：“正是在某种劳动体验中，形成了这种经济和道德交融的禁闭要求。

福柯认为，在古典世界里，劳动和游手好闲之间划出了一条分界线。这种划分取代了中世纪对于麻风病的排斥。不论是在地理分布图上，还是在道德领域中，贫民收容院取代了麻风病院……直到文艺复兴时期，对疯癫的情感还是与天马行空的想象联系在一起。到了古典时期，人们第一次通过对游手好闲的谴责和一种由劳动社会所担保的社会内涵中来认识疯癫。劳动社会获得了一种实行隔离的道德权利，使它能够驱逐各种社会垃圾，就像是把它们驱逐到另一个世界。”[①]正是这个原因，疯子、失业者、穷人、道德上有缺陷者才会被同时关进一个被“禁闭”的空间。总医院同时也起到了维系社会道德规范的作用，福柯说：“发明一个强制场所，使用行政措施进行道德训诫，这是一个很重要的现象。在历史上第一次出现了一批将道德义务和民法组合在一起、令人瞠目的道德机构。各国的法律将不再容忍心灵的混乱。”[②]心灵的有序状态则意味着遵循理性的社会规范、法律规则来生活：“在古典时期的大禁闭中，最基本的也是最新的特点在于，人们被禁闭在纯粹道德的城市中，在那里，毫不妥协、毫无保留地用严厉的肉体强制来实行统治心灵的法律。道德自愿地像商业或经济那样接受行政管理。”[③]福柯认为禁闭是 17 世纪才出现的一种制度，它从一开始就获得一种重要意义，从而使它与中世纪的囚禁毫无关联。作为一种经济措施和一种社会防范措施，它是一项发明。然而，在疯癫的历史上，它却标志着一个决定性的时刻：“此时人们从贫困、没有工作能力、没有与群体融合的能力的社会角度来认识疯癫；此时，疯癫开始被列为城市的问题。贫困的意义，工作义务的重要性以及所有与劳动相关的伦理价值，最终决定了人们对疯癫的体验，改变了其历

① [法]福柯：《疯癫与文明》，刘北成、杨远婴译，三联书店 2010 年版，第 53 页。

② [法]福柯：《疯癫与文明》，刘北成、杨远婴译，三联书店 2010 年版，第 54 页。

③ [法]福柯：《疯癫与文明》，刘北成、杨远婴译，三联书店 2010 年版，第 55 页。

程。”[①]福柯认为一种特殊的情感随之而生，它划出了一条界线，它选择一个对待“疯癫”的方案：放逐。在古典社会的现实生活的空间中保留了一个中立的区域，一个中止了现实生活的空白地——“禁闭”的空间。在这里，秩序不再会随便地遇到混乱，理性也不用试着在那些会躲避它或力图拒绝它的人中间取得进展。福柯认为：“在这里，理性通过一次预先为它安排好的对狂暴的疯癫的胜利，实行着绝对的统治。这样，疯癫就被从想象的自由王国中强行拖出。它曾凭借想象的自由在文艺复兴的地平线上显赫一时。不久前，它还在光天化日之下——在《李尔王》和《堂吉诃德》中——踉跄挣扎。但是，还不到半个世纪，它就被关押起来，在禁闭城堡中听命于理性、受制于道德戒律，在漫漫黑夜中度日。”[②]

福柯分析的第三个阶段是从18世纪末到19世纪的这个历史时期，比较具有代表性的是由教徒威廉·图克(Tuke)在约克收容所和菲利普·皮内尔(Pinel)在巴黎发起的精神病治疗改革运动，他们使精神病人同乞丐和罪犯分离开来。疯癫者开始被看作是有病的人，被看作是有精神障碍的人，他们因此在身体上得到了解放，不再被关闭在“禁闭所”中，并且被置于仁慈的教育体制之下。然而，福柯发现这样并没有减少疯癫者被控制的程度，这种身体解放的目的只是为了更好地捕获疯癫者的心灵，这也成为精神病院担负的最基本的任务。疯癫者一旦进入精神病院，就会被作为病人从而受到精神病的话语的监控，病人就必须通过一种心理学上的“测量”，由自责来达到心理上的释放。理性对疯癫的施压表现为精神上的拷问。福柯看到，在皮内尔

① [法]福柯：《疯癫与文明》，刘北成、杨远婴译，三联书店2010年版，第57页。

② [法]福柯：《疯癫与文明》，刘北成、杨远婴译，三联书店2010年版，第58页。

等人进行精神病治疗改革运动之前，精神病人实际拥有的自由要比现代精神病院的治疗方法所允诺的自由要多得多——至少心灵并没用成为精神病学目光的审视。前面我们也看到，古典时期的禁闭的方式并不是要改变疯癫者的意识。他们的身体虽然受到镣铐的束缚，但是心灵的束缚并没有出现。从禁闭所到精神病院，历史就把理性与疯癫完全分离开来。福柯讲道："在文艺复兴时期，理性与疯癫不断地展开对话。相比之下，古典时期的拘留就是一种对语言的压制。但这种压制不是彻底的。语言没有真正被消除，而是掺入各种事物中。禁闭、监狱、地牢甚至酷刑，都参与了理性与非理性之间的一种无声对话，一种斗争的对话。现在，这种对话停止了。缄默笼罩着一切。在疯癫和理性之间不再有任何共同语言。"①精神病学的语言就是理性的独白，而"自 18 世纪末起，非理性的存在除了在个别情况下已不再表露出来，这种个别情况就是那些如划破夜空的闪电般的作品，如荷尔德林、奈瓦尔、尼采以及阿尔托的作品。这些作品绝不可能被归结为那种可以治疗的精神错乱。它们凭借自己的力量抗拒着巨大的道德桎梏"②。福柯认为，皮内尔和图克所推行的人道主义的精神病学不过是一种新的道德束缚，精神病学与病人之间的这种关系恰恰反映了资本主义社会的结构："这种结构将变成疯癫的核心，成为象征着资产阶级社会及其价值观的庞大结构的一个缩影，即以家长权威为中心的家庭与子女的关系，以直接司法为中心的越轨与惩罚的关系，以社会和道德秩序为中心的疯癫与无序的关系。"③福柯看到，医生由此获得了对

① [法]福柯：《疯癫与文明》，刘北成、杨远婴译，三联书店 2010 年版，第 242 页。

② [法]福柯：《疯癫与文明》，刘北成、杨远婴译，三联书店 2010 年版，第 256 页。

③ [法]福柯：《疯癫与文明》，刘北成、杨远婴译，三联书店 2010 年版，第 252 页。

病人的权力,医生对病人实施的权力隐藏在病人的背后和上方,表现为一种隐性的同时又是一种无所不在的存在,这就是分布在医院的集体生活中的权力。医生把这种权力变成一种绝对的观察,一种纯粹而谨慎的缄默,他们自己则成为甚至不用语言的审判就能进行赏罚的“法官”。

最后,福柯看到在我们这个时代出现了对理性与疯癫的关系的第四种立场。弗洛伊德通过他的心理学揭示了精神健全和精神错乱的心理原因,从而模糊了精神健全和错乱之间的不可跨越的界限。尽管弗洛伊德完全废弃了精神病学的作用,但是他仍然保留了医生所固有的权威特征,精神疾病仍然服从于精神病医生的解读。

我们该如何看待福柯对理性与疯癫史的梳理?如何理解福柯对疯癫历史的追寻过程渗透出的关于理性的态度?瑞士学者菲利普·萨拉森的分析非常有力,他认为:“隔绝是《疯癫与文明》的中心议题:对福柯而言,有一种奠基性行为,一种原初的和基本性的……姿态,它们将疯癫隔绝了;这种姿态同时带来了疯癫与理性,在疯癫与理性之间设置了一种沉默,因为它令理性与疯癫沉沦为行将是外在性的、对任何交流均充耳不闻的、两者均等地僵死的事物。有‘一个疯癫史的零点’是‘人们一定要尝试去再度发现的’。”[①]在福柯的笔下,理性与非理性之间的关系确实是一种隔绝,理性在对非理性的排斥、疏远、禁闭、隔离中获得了自己的合理性,人们讲述的话语也成为一种理性的独白,而疯癫则被迫保持缄默。假如,这个“历史的零点”只是一个假想之物,疯癫是一个沉默之物,它们该如何获得一种被言说呢?萨拉森认为:“所以实质上‘疯癫的缄默并未表露在这本著作的逻各

① [瑞士]菲利普·萨拉森:《福柯》,李红艳译,中国人民大学出版社2010年版,第12页。

斯中,它也无法表露出来,而只是间接地、隐喻性地、借助于激情地——如果我可以这样说,而且在最恰当的意义上理解这个的话——反映在这本著作中。"[①]福柯对这个历史的追寻传达了这样一个事实:人们早已经熟视无睹的心理学和精神病理学所描述的疯癫,并非是早已有之,而是疯癫作为被理性排斥、随后一度遭理性监禁的他者,是历史的产物。这也暗含着福柯对于启蒙的一种的态度:理性显现为对同一的对非理性的拒绝结构的产物,对于疯癫之人来说,他们根本连选择的权利也没有,理性根本不是疯癫之人选择的产物,而是西方文化历史选择的产物:"监禁疯人,令疯人披枷带锁地狂呼怒吼、咆哮不止,神志不清地显示出自己纯粹是'非理性'这一真相,启蒙的理性才具备了它的特征:它证明自身是克制的、理性的。"[②]在对这一历史的梳理中,福柯显然已经不是一个单纯的历史学家,而是一个试图把理性与疯癫的关系的演变史谱系出来的哲学家,这在其中隐含了福柯自己的观点。

福柯是不是也回答了这样一个问题:作为认识主体和客体的人是如何呈现在西方文化中的?回答是肯定的,这也正是福柯要去分析的知识主体的领域:"随着古典时期的缄默性疯癫过渡到现代避难所对自身真相的诉说,福柯看出了界定疯癫之活动空间的那种历史运动的结果。"[③]福柯自称:"我所提出的问题是:人类主体怎么会把自身当作知识的对象?是通过什么样的理性方式和历史条件?以及付出了什么代价?我的问题是:主体以什么代价才能讲述有关自身的真理?主体以什么代价才能

---

① [瑞士]菲利普·萨拉森:《福柯》,李红艳译,中国人民大学出版社 2010 年版,第 12 页。

② [瑞士]菲利普·萨拉森:《福柯》,李红艳译,中国人民大学出版社 2010 年版,第 23 页。

③ [瑞士]菲利普·萨拉森:《福柯》,李红艳译,中国人民大学出版社 2010 年版,第 29 页。

讲述自身作为疯人的真理？把疯人说成绝对他者，不仅付出了理论代价，而且也付出了一种制度的乃至经济的代价。”①

可以说，启蒙是理性的自我伸张，也是人对自身曾经在“上帝”面前屈膝姿态的改变，启蒙宣称理性的公平、正义和普遍有效性，人们对理性解决问题的能力充满信心，知识、科学、伦理和道德都将在理性的光芒中“沐浴”，理性被认为是理解和阐明人类自身的生活和宇宙秩序的唯一有效的手段。在启蒙思想中，理性受到了前所未有的尊重，它成为阐释的权威。但是，在福柯对理性与疯癫的历史关系的追寻中，我们却看到这样一个事实：“理性既非公平的，亦非正义的，它是基于各种各样的立场进行的排斥行为，如果说疯癫意向在不断地变化，疯癫的语义在颠沛流离的话，那么，界定疯癫的理性本身——疯癫史就是理性对疯癫的界定史——不存在一着一个统一的标准，理性并没有秉持一个不变而稳定的原则。这样，它就丧失了它所宣称的普遍有效性。相反，理性的评估原则在不同时期，依据不同的语境而不断发生改变。理性的评估有时候根据美学原则（文艺复兴时期），有时候依据经济学原则（17 世纪中期），有时候依据道德原则（19 世纪初），有时候依据医学原则（弗洛伊德），理性评估原则的可变性和多样性无法保证它的合法性和有效性，而且，重要的是，所有的这些理性评估都是一种排斥方式，即将疯癫排斥在自身之外。如果说理性在此有一种普遍性的话，那就是排斥的普遍性，即疯癫永远是理性的排斥对象这样一种普遍性。”②

福柯就此将理性与理性追求的公正性区分开来，相反，理性同权力之间有了一种紧密的关系，它们相互纠缠、相互配合，理

① ［法］福柯：《疯癫与文明》，刘北成、杨远婴译，三联书店 2010 年版，第 273 页。

② ［美］布莱恩·雷诺：《福柯十讲》，韩泰伦译，大众文艺出版社 2004 年版，第 48 页。

性的规则和规范当中充斥了权力的因素。疯癫正是理性与权力排斥的对象，关于疯癫的知识也是理性权力的建构。在蛮横的状态下不可能产生疯癫，疯癫不仅是一种自然的现象，它只能存在于社会当中，只能在对立于理性的视野之中，疯癫以一种可变的知识形态出现。在福柯的《疯癫与文明》预示了他日后的权力—知识的理论图式：权力建构知识。知识并不是一劳永逸的，对于世界真相的把握，知识是在不断变化的，知识无法独立于权力而存在："我们应该完全抛弃那种传统的想象，即只有在权力关系暂不发生作用的地方知识才能存在，只有在命令、要求和利益之外知识才能发展……相反，我们应该承认，权力制造知识，权力和知识是直接相互连带的。"①福柯认为，知识不再是我们所想象中的那样纯粹的、客观的、自然的、绝对的。疯癫史表明对于疯癫的认知和建构，不过是理性对其排斥的权宜之计。福柯强调自己的知识考古学是对话语的分析，也就是福柯在更加实践化的角度探讨主体如何言说和在生活中践行这种认知。福柯把此称为话语，而正是话语的规则决定了人们的认知和言说的方式。对知识的分析就是一种对话语的分析：一个客体被纳入对象领域，实际上就是进入认知（知识）领域，当然也就进入了话语领域，于是要对它进行话语分析。福柯认为，我们不应当停留在话语主题上，也不能停留在话语的形式结构中，而应当指向话语的运行规则。这就是福柯在《词与物》中所探讨的"知识型"，"他要研究某一个特定时期的思想的'缄默'秩序，这一秩序规范着像生物、经济学或语言学这些个别领域中的实证性知识的形式，福柯称之为知识型（或认识阈），即某一时期的历史性、

① [美]布莱恩·雷诺：《福柯十讲》，韩泰伦译，大众文艺出版社 2004 年版，第48页。

特定性认识逻辑,或普遍性知识秩序”[1]。福柯在《词与物》当中探讨的就是“知识型”的演变史,但是福柯并没有指出这种变化的动因,而在后来的法兰西就职演讲《话语的秩序》中,福柯才指明了话语的支配者——权力。在这篇演讲当中,福柯放弃了话语的自律性的观点,并且对话语重新给出了自己的论断:“在每一个社会中,话语的生产是根据一定数量的程序而被控制、选择、组织和再分配的。这些程序的功能就在于消除话语的力量和危险,处理偶然事件,避开它沉重而恐怖的物质性。”[2]在福柯的《知识考古学》中,我们可以看出,话语是远离争斗、控制、权力的,它摆脱了一切的历史化的制度和规则,话语是自治和自律的。但在《话语的秩序》中,福柯已经放弃了话语的自治性的观点,他发现了控制话语的若干原则和规范,话语在种种的控制系统当中被分裂、选择、抑制。话语在控制系统当中形成,并且是在控制系统当中被筛选、挤压和生产的,而这个“幕后黑手”就是权力。

可以说,福柯在《疯癫与文明》中是在用历史事实告诉世人理性在历史发展中的真实状况,而在《规训与惩罚》《不正常的人》《必须保卫社会》等福柯中期的著作中,福柯思想视阈的凝聚点变成了对权力在现代社会中具体运作的分析。在对权力的分析中,我们将看到,启蒙所高唱的“自由之歌”并没有那么悦耳动听。

第三节　权力的眼睛

1970 年 12 月,福柯正式开始了他在法兰西学院的授课生涯。按照法兰西学院的规定,福柯在一年中至少要完成 12 次的

① [瑞士]菲利普·萨拉森:《福柯》,李红艳译,中国人民大学出版社 2010 年版,第 80 页。

② 汪民安:《福柯的界线》,南京大学出版社 2008 年版,第 56 页。

授课任务。此时的福柯已经厌倦了像个“书呆子”一样，仅仅让思想和理论“生长”在象牙塔内，而更加关注现实性的事务。福柯曾经在 1971 年 7 月的一次采访中讲道：“我以前也研究像科学史这一类抽象而遥远的事物，如今我确实想离开这一领域了。”[①]那么，福柯开始关注现实社会的哪些主要领域呢？为什么他会主要关注这个领域？福柯开始关注的领域就是现实社会中的监狱系统。这是因为他自己的研究主题的转变，他开始在话语之外寻找话语的动因，究竟是什么左右了我们的话语？这就是福柯在不断问自己的一个问题，并且福柯认识到，这个动因不是在话语本身的结构当中，而是在话语之外。此时，这位关注于知识的考古学家开始转变为一个对现实性事务进行分析和研究的谱系学家，福柯开始了对于权力与话语之间关系的研究，而监狱这种比较具有代表性的权力运作机构就进入了福柯的视野。

20 世纪 70 年代初，对于福柯来说，监狱诞生的历史不仅是理论性研究的对象，更是福柯真正开始把权力当作自己的研究对象的第一个“着陆点”。此时的福柯想做一些具体的、实际性的关于法国监狱系统的研究。1968 年的五月风暴时，福柯正在突尼斯工作，他虽然没有参与这次运动，但是对这次运动表现出了极大的关心，福柯看到警察作为权力的主体所实施的暴力。这也促成了福柯与德菲尔、德勒兹在 1971 年 1 月的“监狱信息小组”这样一个针对监狱系统的特殊机构的筹建工作，其目的就是要了解监狱中囚犯真实的生活状况以及监狱人员对囚犯实行的各种管制实践，为了能给被监禁的人更加充分发言的可能性。世界不是在书本中，而是在书本之外，福柯已经不能安静地待在

① [瑞士]菲利普·萨拉森：《福柯》，李红艳译，中国人民大学出版社 2010 年版，第 149 页。

书房里面进行自己的理论探索了，他曾经说道："我从事监狱信息小组的工作，只是因为我更喜欢从事有实效的工作，而不是扯一些大而无当的废话以及皓首穷经。今天撰写我的《疯癫与文明》的续篇，将其延伸到当今时代，对我而言毫无用处。相反，在我看来，一种有利于监禁者的具体政治行动则极富有意义。"① 福柯感觉到一种理论分析的力量还是不够的，更为实际的是直接参与到社会具体的领域当中去。他在《知识考古学》中强调话语的情况，福柯认为《知识考古学》并不是"理论"，因为他"未系统地把握话语构成与社会、经济构成……之间的关系"②。福柯渐渐地认识到一种理论如果没有实践的特性就会显得苍白无力。而福柯在政治活动之余写下的《规训与惩罚》就是对《知识考古学》的修正，正是在这本著作中，他专注于研究规训社会的历史，阐发他关于权利理论的谱系学思想。

在《规训与惩罚》的开篇，福柯尽其笔墨之功，描写了两个曾经在历史上真实存在的事件。一个是在 1757 年谋杀国王的罪犯达米安(Damien)被极其残忍地公开处决。此人经历了漫长的审讯过程，肉体受尽了残酷的折磨，最后按照公众的意愿被四马分尸，被撕裂的达米安为自己的罪行赎了罪。另一个事件是 1838 年巴黎少年管教所对有问题的少年的管教措施。这里没有了公开的审讯、对肉体的烙印以及血淋淋的处罚，但是出现了向一种新型的惩罚过渡的形式。这种新型的惩罚方式不再专注于囚禁违法者的肉体，而是开始剥夺违法者的自由，并将违法者的日常生活纳入到周密、细微的纪律之中。福柯认为公开处决违法者的惩罚方式在不断地减少并趋于消失，这一现象标志着

① [瑞士]菲利普·萨拉森:《福柯》，李红艳译，中国人民大学出版社 2010 年版，第 151 页。

② [瑞士]菲利普·萨拉森:《福柯》，李红艳译，中国人民大学出版社 2010 年版，第 154 页。

对肉体控制的放松。福柯讲道:“在过去两百年间,刑罚的严峻性不断减弱,这是法律史科学家所谙熟的现象。但是在很长一段时间里,人们笼统地视之为一种数量现象:更少的残忍,更少的痛苦,更多的仁爱,更多的尊重,更多的‘人道’。”①但是,福柯看到惩罚并没有消失,只不过惩罚的对象由肉体置换为灵魂。福柯认为惩罚的强度不仅没有减轻,反而变本加厉:“那么,惩罚强度是否减轻了呢?结果或许如此,但是,可以肯定地说,惩罚对象发生了变化,如果说最严厉的刑罚不再施加于肉体,那么它施加到什么上了呢?理论家们在1760年前后开创了一个迄今尚未结束的时代。他们的回答简单明了。答案似乎就包括在问题之中:既然对象不是肉体,那就必然是灵魂。曾经降临在肉体的死亡应该被代之以深入灵魂、思想、意志和欲求的惩罚。马布利明确彻底地总结了这个原则:如果由我施加惩罚的话,惩罚应该打击灵魂而非肉体。”②

福柯看到,这是一个重要的历史时刻,惩罚手段的“旧伙伴”——肉体和鲜血消失了,而灵魂作为一个新的角色成为了惩罚的对象。这种惩罚作用的置换,带来了一个新的对象领域,一个新的事实真理体系以及一大批在刑事司法活动中一直并未被人们所熟悉的角色。一整套的知识、技术和“科学”话语在形成,并且与惩罚权力的实践日益纠缠在一起。因此福柯把《规训与惩罚》总结为:“本书旨在论述关于现代灵魂与一种新的审判权力之间相互关系的历史,论述现行的科学—法律综合体的系谱。在这种综合体中,惩罚权力获得了自身的基础、证明和规则,扩

① [法]米歇尔·福柯:《规训与惩罚》,刘北成译,三联书店2010年版,第17页。

② [法]米歇尔·福柯:《规训与惩罚》,刘北成译,三联书店2010年版,第17页。

大了自己的效应，并且用这种综合体掩饰自己超常的独特性。”[①]但是，福柯看到权力向灵魂的渗透并没有离开对肉体的征服，人们不应该视“灵魂”为某种意识形态残余的死灰复燃，而应该视之为与某种支配肉体的权力技术学相关的存在：“如果认为这种灵魂是一种幻觉或一种意识形态效应，那就大错特错了。相反，它确实存在着，它有某种现实性，由于一种权力的运作，它不断地在肉体的周围和内部产生出来，这种权力是施加在被惩罚者身上的。更广义地说，这种权力的对象是被监视、训练和矫正的人，疯人，家庭和学校中的儿童，被隔离的人以及被机器所束缚、工余时间也受监视的人。这就是这种灵魂的历史现实。”[②]福柯在此所指的灵魂的存在不是指灵魂具有实体化的、可被视的存在，现实的肉体的灵魂并不是一种实体，而是一种因素。福柯认为灵魂体现了一种权力的效应。一种知识的指涉，一种关系的机制。通过这种机制，权力关系造就了一种知识体系，知识则扩大和强化了这种权力的效应。

福柯认为：“围绕着这种‘现实—指涉’，人们建构了各种概念，划分了各种分析领域：心理、主观、人格、意识等。围绕着它，还形成了具有科学性的技术和话语以及人道主义的道德主张。”[③]福柯劝诫我们不要以为一种作为认识、哲学思考和技术干预对象的现实的人已经取代了神学家幻觉中的灵魂，人们向我们描述的人、让我们去解放的人，它本身已经体现了远比他本人所感觉到的更深入的征服作用。人们认为有一种“灵魂”占据了他并使他得以存在，这本身已然是权力驾驭肉体的一个因素。

---

① [法]米歇尔·福柯：《规训与惩罚》，刘北成译，三联书店 2010 年版，第 24 页。

② [法]米歇尔·福柯：《规训与惩罚》，刘北成译，三联书店 2010 年版，第 32 页。

③ [法]米歇尔·福柯：《规训与惩罚》，刘北成译，三联书店 2010 年版，第 32 页。

福柯说:“这个灵魂是一种权力解剖学的效应和工具;这个灵魂是肉体的监狱。”①

因此,福柯认为:“一般而言的惩罚以及具体而言的监狱属于一种关于肉体的政治技术学——我的这一结论与其说是得自于历史,不如说得自于现实。”②而现实性正是来自福柯和德勒兹所建立的监狱小组的实践行动,也来自于福柯自己曾经因为煽动学生闹事并被关进警察局的亲身体验。福柯看到监狱里面的暴动在世界各地时有发生,有些暴动是反对恶劣的物质环境,比如饥饿、寒冷、拥挤、潮湿、窒闷以及肉体的虐待;也有一些是反抗镇静药物、隔离手段以及医疗和教育措施。福柯认为这种反抗绝对不仅仅是物质方面,更是被规训的肉体和灵魂的一种反抗,他们反抗的就是监狱这种实体,因为监狱是权力工具和载体的物质性。福柯对支配肉体的权力技术学进行了分析,也就是对监狱的诞生的历史的分析。通过对这样一部历史的谱系,福柯得出一个让人窒息的结论:整个现代社会已经成为一个大型的“监狱”系统,每个个体就生活在这个大型的监狱中,被监视、被隔离、被规范、被塑造,现代社会并没有像启蒙所给出的允诺那样变得更加自由,权力的“眼睛”注视着社会的每个角落。最能体现“权力”的眼睛的无限“可视力”的完美统治模式就是“全景敞视建筑”。

关于福柯是如何描述惩罚体制和监禁历史的,我们不能具体地一一复述,但是全景敞视监狱的历史——现代监督机构的历史却是福柯看到的最具典型的规训机构。这种全景敞视建筑是法理学家、哲学家边沁(Jeremy Bentham)于1878年当作所有

① [法]米歇尔·福柯:《规训与惩罚》,刘北成译,三联书店2010年版,第32页。

② [法]米歇尔·福柯:《规训与惩罚》,刘北成译,三联书店2010年版,第32页。

监督机构的建筑结构而设计的。这是一个环形建筑，各个房间彼此间不能有联系，但是每个房间都能被中心的瞭望台所一目了然。在这个瞭望台上，只需要一名看守就足以让每个房间里的囚徒感觉到，自己正在被监视。这种建筑的特点就是：一方面囚犯之间不能相互交流和串通，这样就能防止出现因为囚犯之间相互串通而暴动的状况；另一方面每个人的举动和行为都被置于监控的"目光"之下。其优点是显而易见的："如果被囚禁者是一些罪犯，就不会有阴谋串通的危险、集体逃跑的举动、新的犯罪计划、相互的坏影响。如果是病人，就不会有传染的危险。如果他们是疯人，就不会有彼此暴露的危险。如果他们是学生，就不会有抄袭、喧闹、闲聊和荒废时间的现象。如果他们是工人，就不会有混乱、盗窃、串通以及任何降低工作效率和质量、造成事故的心不在焉的现象。挤作一团的人群、多重交流的场所、混在一起的个性、集体效应被消除了，被一种隔离的个体的集合所取代。"①这样，通过一种中心的"目光"，在被囚禁者身上造成一种持续不断的"灼烧"状态，从而确保了权力效应机制的运行。全景敞视建筑是一种分解观看与被观看的二元统一体的机制，在环形的边缘，囚犯能彻底地被观看，但不能观看；而在中心的瞭望者能观看一切，但不会被囚犯看到。福柯认为："这是一种重要的机制，因为他使权力自动化和非个性化，权力不再体现在某个人身上，而是体现在对于肉体、表面、光线、目光的某种统一分配上，体现在一种安排上。这种安排的内在机制能够产生制约每个人的关系。"②这种机制同样也适合在监狱之外的社会领域。因此，这种机制会不断地向社会的其他领域渗透，比如学

① [法]米歇尔·福柯：《规训与惩罚》，刘北成译，三联书店 2010 年版，第 224 页。

② [法]米歇尔·福柯：《规训与惩罚》，刘北成译，三联书店 2010 年版，第 227 页。

校、军队、医院甚至各种经济交易的场所等。福柯说:“全景敞视建筑应该被视为一种普遍化的功能运作模式,一种从人们日常生活的角度确定权利关系的方式。”①福柯看到:“从一种异常规训的方案转变为另一种普遍化监视的方案,是以一种历史变迁为基础的:在 17 和 18 世纪,规训机制逐渐扩展,遍布了整个社会肌体,所谓的规训社会(姑且名之)形成了。……规训体制网络开始覆盖越来越大的社会表面,尤其占据了越来越不是社会边缘的位置。规训体制的扩散证明,原来所谓的孤岛、特殊场所、权宜之计或独特的模式已变成一般的程式。”②而现代人就生活在这样一个规训的社会中,个体社会化的过程也就是被规训的过程。全景敞视模式的重要作用在于,它通过一系列对个体进行规训的手段和技术,不仅规训了现代“灵魂”,而且促成了启蒙的主体以及近代社会以来的个体。福柯于是说:“‘启蒙’发现了自由,也发明了规训。”③

福柯通过以“监狱”为典型特征规训社会的描述,阐述了自己的权力观,在福柯看来,权力不仅仅是国王和君主自上而下的统治权力,权力在当代社会中的运作模式也不是自上而下的统治模式。福柯看到,现代社会中的权力是一种规训权力。在规训社会中,规训权力是这个社会中隐秘的内在关系,正是通过这种弥漫的、到处盘根错节的权力,现代社会才被组织起来。权力具体存在于家庭、学校、监狱、医院等领域,比如丈夫与妻子之间对于家庭的主宰性的权力,家长对孩子的强制性管教的权力,医生对于病人的各种权力,学校对学生的规范性教育和对违纪行

---

① [法]米歇尔·福柯:《规训与惩罚》,刘北成译,三联书店 2010 年版,第 230 页。

② [法]米歇尔·福柯:《规训与惩罚》,刘北成译,三联书店 2010 年版,第 235 页。

③ [瑞士]菲利普·萨拉森:《福柯》,李红艳译,中国人民大学出版社 2010 年版,第 173 页。

为的惩罚权力等。福柯眼中的权力是网状的、微观的，同时也是趋向于一定的目的性的。福柯认为权力并不像我们想象当中的仅仅体现了一种暴力和压制，权力的效应和功能恰恰是生产性的。福柯曾经说过："我认为不应当把个人当作某种基本的核心、初始的原子和多声的无声的物质，权力依附在他身上，使个人屈服毁灭的权力打击在他身上。实际上，使肉体、举止、话语和欲望被认定和建构为个人，这正是权力最初的结果之一。也就是说，个人不是权力的对立面；我认为它是权力最初的结果之一。个人是权力的一种结果，而同时，在它是权力的结果的意义之上，有这样的传递作用：权力通过它建构的个人而通行。"①权力如何建构或者说生产个人呢？福柯的回答是通过话语，在此，我们看到了福柯对权力和话语之间关系的结论。福柯的权力观确实是符合现代社会的特征的，他认为，我们这些生活在社会中的每个个体都是权力网络编制的"结点"，我们在被规训中成为我们现在的这样的主体，我们生活在真实的学校、医院等各种场所中，那么权力的"眼睛"就是无处不在的。在福柯的观点中，我们感到了一种眩晕，在这种强大的权力网络的"编织"中，我们的自由呢？我们现代人该如何摆脱这种被"规训"的宿命？正是在这种追问当中，福柯试图寻找一种在权力之外的生成主体的方式，也就是说人成为人的方式，这种主体的主体化方式并不是权力和知识话语相互运作下的产物，而是一种"自由"的主体。这正是福柯把眼光转向了古希腊和罗马历史的缘由所在。

假如福柯对理性的分析着重的是从理论层面对启蒙的反思，那么福柯对权力的分析却直接针锋相对地指向了启蒙的价值层面和伦理层面，正如福柯看到的，自由与规训都是启蒙的产

---

① ［法］米歇尔·福柯：《必须保卫社会》，钱翰译，上海人民出版社2010年版，第22页。

物。自由只能是按照规训的社会要求才可以被允诺，自由成为“藩篱”中的区域。那么有没有一种在“藩篱”之外的主体化的形式？也许存在这样的一种主体化的方式，我们不再是知识—权力的塑造体，不再是被权力笼罩下的“机器”？

第四节　关心你自己

在福柯后期的思想当中，我们明显看到福柯试图走出权力“黑夜”式的笼罩的努力，他努力地在寻找来自于“外域”的主体化的形式。这也成为福柯对主体历史探讨的第三个方面。福柯一方面是基于自己的理论认识迫切地想走出权力的阴影；另一方面在现实的社会中，福柯看到了有别于被权力规训的主体生成的特殊样式。如果说这种在西方现代化的主体化在现实中的的确确地存在着，那么它来自何方，它又是一种什么样的形式呢？

这个问题要从福柯在1978年的伊朗伊斯兰革命中的遭遇说起。这场革命发生于1978年，在1979年2月取得胜利。革命的领导者是什叶派领袖赛义德·鲁霍拉·霍梅尼、欧莱玛(宗教学者)。这场革命的性质是反对国王推行西方化和世俗化的伊斯兰复兴运动。这场革命的爆发有很多原因。当时的国王礼萨·巴列维为了巩固自己的王朝统治，试图通过本国石油资源的经济垄断和美国的援助，按照美国的模式来推进伊朗的现代化进程。但是在这一过程中出现了一系列严重的社会问题，由于片面追求经济发展的高速度，国民收入两极分化逐渐严重，经济严重失调，通货膨胀严重，社会生产力和人民生活水平下降。在这种情势下，以巴列维为首的政府却占据了大量的经济资源，政府腐败风气严重。社会贫富悬殊加剧，各种社会矛盾激化。巴列维在政治上实行独裁统治，并在美国支持下不断扩充军备，设立秘密的警察机构，专门镇压反对派的运动。同时，巴列维王朝实行世俗化文化政策，西方文化形式大量地涌入，冲击了伊朗人民的宗教信仰和生活方式。为了巩固政府的权力，政府实行政教分离的政策，取消宗教领袖的特权，关闭大量的宗教学校，推行西式的世俗化教育。一些宗教团体的领袖因反对政府的专制和世俗化政策而被监禁，或者被驱逐。巴列维政府的一系列行径引起了人民的强烈不满。在这种背景下，伊朗各阶层的人民群众及各种政治力量联合起来，形成了反对巴列维政府统治的群众运动。由于当时伊朗的九成人口是什叶派穆斯林，伊朗革命的斗争双方就成为以国王为代表的政府和什叶派宗教势力。

而福柯就是这场轰轰烈烈的运动的直接参与者，据菲利普·萨拉森教授在《福柯》一书中描述，福柯在 1978 年 9 月和 11 月去过伊朗。他第一次到伊朗正好是“黑色星期五”之后，也就是德黑兰大屠杀之后。在这次群众与政府的冲突中，大约 4000 人死于这次屠杀之中。而在福柯第二次到伊朗的时候，他亲历了这次运动，他看到示威游行者的宗教要求变成了政治口号。

在福柯发表于《世界报》的文章中，我们能看到福柯的思想与伊朗革命之间的现实性关联，他描述道：“人们站起来了，这是事实。在这条道路上，主体性（不是伟人的主体性，而是任意一个人的主体性）赢得了历史，并充实着生命。一名囚犯用他的生命来反抗严峻的惩罚，一名疯人不远再被监禁、被剥夺的权利，一个民族反抗压制它的政权，因为囚犯并非无辜，疯人并非不健康，人民没有分享许诺给他们的未来。没有人一定要与他们团结一致，没有人一定要相信，这些杂乱的声音比其他声音更加美妙，讲述了最终有效的真理。只要有这些声音，有人力图让他们沉默下来，因而倾听与试图理解这些声音，反而是有意义的，这就足够了。这是一个道德问题吗?显然这是一个现实问题。这一点并不会为历史令人失望所改变。有这些声音,人的时间具备的就不是进化的形式,而是'历史'的形式。这密不可分的联系着另外一项原则,按照这项原则,一个人对另一个人施加权力,永远是危险的。……限制权力的法则再严厉也不过分,取消了强占权力的机会这一普遍性原则再严格也不过分。始终要用不可逾越的法则及不受限制的权利来抵抗权力。"①福柯在伊朗的群众运动中看到了精神性的要求,也看到了群众的"疯癫"。但是正如萨拉森教授认为的那样:"这地带是疯癫,还是精神性,在这里并非关键性的。重要的是,这样一种彻底的外界令主体产生于权力之彼岸。这是'奋起'的一个新主体。因为宗教使得人们能够'彻底改变自己的主体性存在'。对福柯而言,解释伊朗群众的'革命力量'的关键,就在于这种新型的精神性的自我的关系:'他们借助于伊斯兰教争取主体改变自身的主体性存在',他们具有政治与宗教的'意愿,更新自己的全部存在'。"②在此,我们要阐明一个问题:福柯反对马克思的革命观,那么伊朗革命不正是马克思的革命观吗?福柯这不是自相矛盾吗?福柯基于自己的微观权力观认为,革命并不能彻底地改变一个社会,可能只会改变一个社会的架构,但是权力间错综复杂的关系仍然存在。因此福柯在看到伊朗革命中的"精神性"的时候,是多么的兴奋和激动。福柯认为,伊朗反抗的目标主要是在于想改变人自身,改变自身与神的关系。但是问题又出现了,马克思的革命观不也正是这种内在的要求吗?马克思曾经允诺了一条自由之路。但是,我们从福柯的话中,可以理清这个问题:"伊朗

① [瑞士]菲利普·萨拉森:《福柯》,李红艳译,中国人民大学出版社 2010 年版,第 231 页。

② [瑞士]菲利普·萨拉森:《福柯》,李红艳译,中国人民大学出版社 2010 年版,第 234 页。

人奋起反抗的时候，他们或许说出了这次起义的灵魂：我们当然要更换政权，将那个人踢开。……但我们首先要改变自身。我们必须彻底改变自己的生活方式、彼此间的关系、对事物的态度、对无限性和上帝的态度。只有彻底改变我们的生活，才会出现真正的革命。”[①]而这个就是福柯与马克思不同的地方。“自由”并不在远方，而是在当下的维度之下自我与自我，自我与事物、无限性、上帝的关系当中。革命也并不能彻底地引起这些层面的变化，因为这些方面的关系比革命更为深远和普遍。

福柯在伊朗的革命中看到了一种西方主体化方式之外的主体。这种主体不仅仅存在于伊斯兰世界当中，而且在东方的中国和日本的生活伦理中也存在这种主体化的方式，这具体的体现在主体在性方面的艺术经验。福柯在《性经验史》的第一篇《认知意志》中曾经提到：“像中国、日本、印度、罗马、阿拉珀一莫斯林等许多国家，都有一套‘性爱艺术’。根据性爱艺术，真相是从快感中抽象出来的，它被理解成实践和经验。理解快感不是从一种允许和禁止的绝对法律出发，也不是以有用心为标准的，而是首先对快感自身而言，根据快感的程度、特别的质量、延续的时间和在身心中的影响来认识快感。为了从内部煽动性和扩大它的影响，这一直是最好应该逐渐地返回到性实践中。因此，这就构成了一种必须保密的知识，不过，它保守秘密不是因为对其对象不名誉的猜忌，而是出于最大限度地保留它的必要，因为根据传统，一旦泄密，它就会失去影响和价值。秘密传授的方式引导弟子逐步接受性知识及其严肃性。……它应该让弟子恍然大悟，从而获得老师赐予的恩惠：绝对控制肉体、独一无二的愉

① [瑞士]菲利普·萨拉森：《福柯》，李红艳译，中国人民大学出版社2010年版，第234页。

悦、忘却时间的限制、获取长寿的配剂、去除死亡及其威胁。”[①]福柯看到在中国、日本的性爱艺术中主体化方式与他在伊斯兰革命中对自我的精神性的要求是相类似的，而这种主体可以建立一种与自身之间某种特定的关系。而区别于知识与权力对主体的生产，人可以自觉地行动，塑造自己的生命，并且可以改变自身。福柯看到了这样一种现实存在于权力之外的、自由的主体化方式，这是一种“关注自我”的主体化方式。福柯认为：“我们必须摒弃几个世纪以来人们强加给我们的那种个体性，从而造就主体性的新形式。”[②]这种主体化的方式不仅在西方之外存在，而且福柯看到在古希腊和古罗马的社会中，也存在这种关注自我的主体化的方式。福柯再一次回到了历史的领域当中，这也就是福柯对有关“伦理学的历史本体论”的探讨。

1983 年，也就是福柯去世的前一年。福柯在加州伯克利接受德赖弗斯（L. Dreyfus）和拉比诺（Paul Rabinow）的采访时，解释了自己关于“伦理学的历史本体论”的基本思想。福柯提到自己的《性经验史》主题就是“伦理轴心”，也就是“伦理学的历史本体论”，而关于性的著作，总的框架就是道德史。但福柯认为对于道德史而言，一方面应该区分道德的行为法规，并且道德的法规还可以具体地分为允许和禁止人们行为的法规和肯定或者否定价值的法规。另一方面，福柯还认为应该区分道德与伦理，这个方面很多时候都不曾被区分开来，但是福柯认为：“它非常重要，即：你与自身的关系，我称之为伦理观，它决定了个人该如何自命为自己行动的道德主体。”[③]“自我”与“自我”的关系是道

① [法]米歇尔·福柯：《性经验史》，佘碧平译，上海人民出版社 2010 年版，第 38 页。

② [瑞士]菲利普·萨拉森：《福柯》，李红艳译，中国人民大学出版社 2010 年版，第 237 页。

③ [美]德赖弗斯、拉比诺：《超越结构主义与解释学》，张建超、张静译，光明日报出版社 1992 年版，第 306 页。

德的一个特殊层面的关系。正是从道德中区分出伦理的角度，福柯才在历史上寻找古代道德、基督教道德、现代道德之间的差别和断裂。这种差异又具体通过四个方面的内容而得到体现：伦理实体的确定、隶属方式、伦理作为的方式和伦理主体的目的。伦理实体的确定指的是在伦理行为中，人们必须确定将我们自己的哪个部分作为伦理判断和反思的对象。隶属方式指的是个体与道德规范的联系方式和理解道德规范的方式。伦理作为的方式指的是人们在道德的活动中将自己主体化为道德主体的方式。伦理主体的目的就是道德行为的趋向性和目的性。

福柯在伦理的四个向度上，比较了古代道德与基督教道德的区别：在"伦理实体的确定"这个方面，福柯认为古希腊人将整体的性活动看作是由性行为、性快感和性欲望三个部分组成，而基督教道德关注的主要是性行为，其他的两个方面则很少关注。性行为是古希腊道德判断的对象，这主要指的是性行为的过程，包括性的强度、频率、发生的时机、性行为的主动与被动性等方面，这些是古希腊对于性的主要关注对象，福柯认为其原因在于古希腊人认为性行为涉及自我身体的健康和自由与权力的关系问题。而基督教则主要关注的是性欲望的问题，性行为被看作是为了生儿育女不得不去实施的过程，而性快感则是必须被禁止和藐视的东西。在"隶属方式"这个方面，福柯认为这两种道德观对待道德规范的看法是不一致的，古希腊人将道德规范看作是可以自由选择并且用来使自身的生存更加完美的工具，而基督教则把道德规范看作是必须遵守的、来自上帝的神圣法规。福柯看到，虽然在古希腊社会当中也存在着一些基本的道德禁忌和准则，但是这种规则并没有带有普遍的强制性。古希腊人可以服从也可以不服从，个人也并没有把这些规则当作是绝对的准则，这是一种自由生存的选择，而不是一种强迫。而在基督教道德中，来自上帝的道德准则成了一种普遍的强制和绝对命令，人们必须服从和遵守，这是上帝给予人的生存的界限。在“伦理作为的方式”这个方面，福柯看到古代道德中，“性节制”的方式是可以学习、记忆和领会的，这是一种积极主动的自我的伦理选择和修养。而在基督教道德当中，则是偏重遵守戒律的“禁欲”，是一种被动性的选择。最后在“伦理主体的目的”上，同是关注到“性节制”的方面，古希腊人的目的在于“关注自我的修养”，是一种自我对自我的约束和自由的选择，是为了见证自己可以不被欲望奴役的自由、高贵和美。自己可以成为自己的“主人”，自己可以实现对“自我的治理”，性节制是为了成为一个自由和自主的人，是为了成为自己。而在基督教的道德里，对性欲望的克制则是为了消除自己身上的罪恶之源，为了成为一个圣洁的、皈依上帝的人。

福柯通过对基督教的道德和古代道德的比较，概括出两种道德：“法规向度的道德”和“伦理向度的道德”。福柯用前者来描述基督教的道德，而后者则具体地指古希腊和罗马的道德。正如福柯所说，古希腊道德是一种内在性的自主选择，而在基督教中，则更加偏重于法规的遵守和对违规者的惩罚。在这一点上，福柯在《性经验史》中有具体的描述：“古代希腊或希腊—罗马的各种道德反思似乎更是以自我实践与修行为导向的，而不是行为的规范化与对什么是允许的与什么是被禁止的严格规定。如果认为《理想国》与《法律篇》是例外的话，那么我们在这些道德反思中很少提到详细界定正确行为的规范原则，很少提到负责监督人们遵守规范的权力机构存在的必要性，也很少提到惩罚各种违规行为的可能性。即使它们经常强调尊重法律与习俗的必要性，但是，它们看重的不是法律的内容及其应用的条件，而是促使人们尊重法律的看法。它们强调的是与自我的关系，它让人可以不接受各种欲望和快感的左右，控制与战胜它们，保持神志清醒，让内心摆脱各种激情的束缚，而且可以充分地自我享受或完美地控制自我的方式生活。"[①]福柯承认在基督教的道德之中存在着这种"伦理向度的道德",但是"法规向度的道德"则是更加明显并且更加偏重伦理的向度。因此,在这两种道德中生成的两种道德主体就出现了巨大的差异,在古代道德中生成的道德主体是自主和自由的、个体化的、生存美学化的主体,而在基督教道德中生成的道德主体则是臣服于戒律的、他律的、没有自主和自由的主体。

余虹在其著作《艺术与归家》中引用莫雅·劳埃德的一段话对福柯这些思想的总结非常深刻:"看起来,古希腊伦理学给福柯的印象最深的似乎是缺乏规范行为的冲动。这一点是可能的,因为'这种伦理学的主要和首要目标是美学的','一种生存的美学'。古希腊伦理学从不试图用立法来为全体人民规定一种行为模式——一种普遍和规范的道德,相反,它是个人选择的问题。然而,这不等于说它取决于个人的随心所欲,因为福柯明确指出一切伦理活动皆依赖于环境,并在一定程度上载负文化内涵。它只是'肯定一个人的自由并给一个人的生活赋予某种形式'——'个人艺术品的'的形式——的努力。对福柯而言,伦理学代表了'一种实践,一种自由方式'的结果。相反基督教道德像是'以相同的方法强加于每个人的一个统一、协调、专制的道德体系'。他根据被当作上帝之言的'文本宗教'中例示的'十分严格的讲真话、信教义、守教规的义务',规定了一套行为准则。它是一种绝对的道德。做好基督徒意味着遵守一系列法律或道德戒律,意味着充当完美的遵纪守法的主体;而做有道德的古希腊人则意味着实践自由。"[②]

---

① [法]米歇尔·福柯:《性经验史》,佘碧平译,上海人民出版社 2010 年版,第 126 页。

② 余虹:《艺术与归家——尼采·海德格尔·福柯》,中国人民大学出版社 2005 年版,第 285 页。

福柯把古希腊伦理的实践称为"生存美学"的风格化，而把主体的个体化的生成称为"关注自我的艺术"："由此，我们必须理解那些审慎的和自愿的实践，人们通过它们不仅确定了各种行为的规则，而且还试图自我改变，改变自己的独特的存在，把自己的生活改变成一种具有审美价值和反映某些风格标准的作品。"[①]而福柯看到在公元2世纪和3世纪的罗马帝国，人们开始讨论道德风格的统一性问题，而且这个迹象也出现在当时法律文献之中。福柯认为统一道德风格的形成与道德规范的普遍强制性是相伴生的，而当这种对道德规范的统一性的要求具体出现在早期的基督教中时，作为生存美学的古希腊的"关注自我"的伦理实践就逐渐地消失在历史之中了，而代之以基督教的普遍性的道德规范。福柯认为古代的道德主要是在"关注自我""看护自己"，这是一种自我与自我的权力关系，自己按照自己的意愿控制自己、支配自己，把自身塑造为一件艺术品。而基督教的道德则是一种"牧师权力"，牧师作为上帝在世俗世界的代言人和管理者，行使的权力主要是"看护"的权力，而看护的对象就是上帝的子民。看护的不是自己，而是"看护他人"。现代社会的道德就是衍生于这种牧师权力，它是牧师权力的世俗化的变形，由对他人的"看护"演变为"管理"，这种权力关系就是现代社会中的权力关系，也就是福柯眼中的规训权力。

福柯认为，现代社会的权力机制在一定程度上是来源于基督教的牧师权力的演变。因此，要摆脱现代主体的这种主体化的方式就必须要反对这种"看护他人"和"被他人看护"的权力，要"关注自我"，回到"看护自我"的伦理关系中，通过创造自己的"自我的艺术"而让自己生成为一件艺术品。这也成为福柯对伦

① [法]米歇尔·福柯：《性经验史》，佘碧平译，上海人民出版社2010年版，第112页。

理主体的历史本体论研究的主要内容。

福柯的"生存美学"成为现代人走出现代社会种种困境的道路的现实可能性何在？这会不会仅仅是一种对古希腊这个"精神家园"淡淡的乡愁，只是在沉重的现实中成为现代人片刻的"兴奋剂"？我们该如何看待"关注自我"的思想，这与哲学的精神性有什么关系吗？我们应该如何看待福柯思想的历史维度？

第四章　关注“现在”的历史

第一节　“现在”的历史维度

关于福柯的“生存美学”，必须首先从福柯思想所关注的时代维度出发才能得到理解和合理的评价。福柯关注的时代维度是过去的历史吗？显然不是。毋宁说，福柯是着眼于“现在”才去对历史进行考古和谱系的。他思想的动因起于“现在”又归于“现在”，那么“生存美学”的思想对于现实的力量也许并没有那么“微弱”。

福柯去世的1984年，在一次访谈栏目中，访谈者问福柯为什么要着眼于古代来研究道德问题？福柯给出的答案是：“我试图勾勒出它的谱系。谱系学意味着我的分析是从现在所提出的问题出发的。”[①]福柯几次提到自己的分析是从“现在”出发的，在《规训与惩罚》一书中，福柯提到自己要写一部关于监狱诞生的历史，并且自述了写作的原因：“我为什么愿意写这样一部历

① Michel Foucault, *Politics, Philosophy, Culture: Interviews and Other Writings* 1977-1984, London: Routledge, 1988, p. 262.

史呢？只是因为我对过去感兴趣吗？如果这意味着从现在的角度来写一部关于过去的历史，那不是我的兴趣所在。如果这意味着写一部关于现在的历史，那才是我的兴趣所在。”[①]福柯的话中透露出他不仅对伦理主体的历史研究是从“现在”出发的，而且对于权利主体的历史研究也是从“现在”出发的，当然这也适应于福柯对于知识轴心的研究。我们看到，他是从现实问题出发才去研究历史的，也就是说，他所关注的是那形成现在的历史和为现在提供参照的历史。对于福柯来说，分析“现在的历史”才是最为紧要的事情。

虽然在历史中不断地探索，福柯也曾多次向公众指出自己是一个“历史学家”，但是福柯的本意并不是认为自己是个历史学家，他只不过想让人们看到自己的思想区别于传统的形而上学。因为福柯看到近代以来的形而上学本质上就是一种主体哲学，是一种渗透着人类学结构的形而上学。福柯认为根本就不存在一个先天的主体，对主体的思考必须在历史中才能得到解释，福柯自称为“历史学家”的深意就在于此。因此，可以说福柯不是一个历史学家，而是一个哲学家，但是这又不是传统意义上的哲学家。福柯的挚友，当代法国另一位著名的思想家德勒兹也认为福柯不是一位历史学家，而是一位思想家：“历史是他的方法的一部分，这是肯定的。但是福柯从未成为历史学家。福柯是创造另一种历史关系的哲学家，这种关系与历史的这些关系全然不同。”[②]在德勒兹看来，这种不同体现在福柯认为历史将我们禁锢和限制起来，历史并不说我们是什么，而说我们正在与什么不同，我们的“现在”区别于“过去”的差异是什么，历史不

① [法]米歇尔·福柯：《规训与惩罚》，刘北成译，三联书店 2010 年版，第 33 页。

② [法]吉尔·德勒兹：《哲学与权力的谈判》，刘汉全译，商务印书馆 2003 年版，第 108 页。

是建立统一性，而是要驱散同一性，以探求与我们自身的不同者。因此，福柯才去研究历史，并且从不同的角度进行描述。德勒兹认为：“虽然福柯在其最后的一些著作中也研究了自希腊人和基督教以来的一个长期系列，那却是为了找到在哪些方面我们不是希腊人，不是基督徒，而成为其他人。总之，历史是将我们与我们自身分离的东西，是我们要考虑自身而必须跨越和穿越的东西。正如保尔·韦诺所说，与时间和永恒相对立的，是实在。福柯是当代哲学家中最实在者，是最彻底地与19世纪决裂的人(因此他适宜思考19世纪)。实在，这是福柯感兴趣的概念，也是尼采所说的那些非实在的或不合时宜的事务，这是非现实的事务，是作为思想行为的哲学。”[①]德勒兹在此所指的“非现实的事务”并不是指福柯思想中不关注现实，而是说在他看来，福柯试图通过对历史的研究来跨越我们“现在”的历史，改变我们“现在”的自身。它是与“现在”的现实相区别的可能性的“现实”。因为历史造就了不同于希腊人，也不同于基督徒的我们自身，同样也会造就不同于我们现代的另外的一种主体形式。正是这个原因，福柯的思想不仅仅是一种理论，也将是一种行为，哲学的精神性和现实性之间的相互关系在福柯这里非常密切。而面对我们自身的“现在”，福柯给出了一条“生存美学”的道路，生存美学是生存实践的自由，是把自身生成为自身的自由。“现在”的历史维度也就成为福柯“关于我们自身的历史存在论”关注的维度，这个维度也体现在福柯对于启蒙的反思当中。

前面我们提到，康德在18世纪末写了一篇《何为启蒙?》的文章。在两个世纪以后，福柯发表了与康德的这篇文章同名的演讲。可以说，康德的文章是对启蒙的分析和反思，而福柯的演

① [法]吉尔·德勒兹：《哲学与权力的谈判》，刘汉全译，商务印书馆2003年版，第109页。

讲是对康德反思“何为启蒙”的进一步反思。康德这篇文章为何会让福柯如此重视，如此着迷？福柯自己曾经给出明确的解释：“十八世纪末，康德在一家德国报刊上发表过一篇短文，其标题是《什么是启蒙？》，它在很久时间，甚至在现在依然被视为相对来说不怎么重要的作品。但我却禁不住感到它既有趣又令人迷惑不解，因为那是一位哲学家首次把不仅研究形而上学体系或科学知识的基础，而且研究历史事件——一个近期发生的、甚至当代的事件，当作哲学家的任务提出来。”[①]在这篇文章中，福柯看到了不同于传统哲学的哲学态度和思考方式，而这种思考的方式正是与福柯自己的看法不谋而合。因此，康德的这篇文章就为福柯提供了一个有效而简明的总结和解释自己哲学观的平台。

福柯认为，在历史上，康德并不是第一个思考“自身的在场”的思想家，有的思想家（柏拉图）把“现在”想象成是属于世界的某个时期，鉴于某些特点而有别于其他时期；有的思想家（奥古斯丁）在“现在”之中识别出以后发生的时间的先兆；有的思想家（维柯）把“现在”分析为走向新世界黎明的一个过渡点。但是康德在此提出启蒙问题的方式却是完全不一样的：“既无人们所归属的世界时代，也无从中得到先兆的某种事件，也无大事告成的曙光。康德以几乎完全消极的方式给启蒙下定义，称之为 Ausgans，即‘出口’，‘出路’。在其他一些作品中，康德提出一些渊源的问题，或是为历史进程的内部合目的性下定义。但在关于‘启蒙’那篇文章里，问题则涉及纯粹的现时性。他并不设法从总体上或从未来的终极角度来理解现在，他寻找差别，今天相对于昨天，带来了怎样的差别？”[②]“一位哲学家紧密而又内在的把

---

① ［美］德赖弗斯、拉比诺：《超越结构主义与解释学》，张建超、张静译，光明日报出版社 1992 年版，第 280 页。

② 杜小真编选：《福柯集》，上海远东出版社 1998 年版，第 530 页。

他的作品对于认识的意义同对历史的思考和对他写作的特别时刻(也正因为此他才写作)所作的特殊分析结合起来,这是第一次。把‘今日’作为历史上的一种差异,作为完成特殊的哲学使命的契机来思考,在我看来,是这篇文章的新颖之处。”①

福柯不仅高度地赞扬了康德的这一思想,而且还确切地指出了康德的思考对于未来的哲学以及当下人的生存方式的巨大影响,福柯说:“1784 年,康德问‘什么是启蒙?’它的意义是:正在发生什么事?我们遇到了什么?我们生活的这个世界,这个阶段,这一时刻是什么?或换句话说,我们是什么?是启蒙者,是启蒙运动的一部分吗?与笛卡儿的问题‘我是谁?’作个比较,我,是独特的,但是又是普遍的、非历史的主体吗?我,在笛卡儿看来是任何时刻、任何地方的一切人吗?但康德问的是别的东西:在历史的这一时刻,我们是什么?康德的问题看上去是对我们及我们现状的分析。我认为哲学的这一方面越来越重要了。黑格尔、尼采……‘普遍哲学’的另一方面没有消失。但是作为我们世界的批判分析的哲学工作变得越来越重要了。也许一切哲学问题中最确凿的问题是关于目前的问题,是目前这一时刻我们是什么的问题。”②这不正是福柯借康德之口说出了自己的哲学观点吗?福柯自己不就是致力于对于“我们自身的历史存在论”的批判分析吗?我们看到,福柯之所以对康德的这篇文章如此看重,是因为福柯看到康德在此表达了一种不同风格的哲学思考方式和思考的主题,而这个问题恰恰是福柯自己所关注的基本问题——“我们自身的历史存在论”。福柯在此提到尼采,是因为他认为尼采同样也是在寻找“主体的历史”,我们在前面的分析中已经明确地看到这一点。

---

① 杜小真编选:《福柯集》,上海远东出版社 1998 年版,第 530 页。

② [美]德赖弗斯、拉比诺:《超越结构主义与解释学》,张建超、张静译,光明日报出版社 1992 年版,第 281 页。

在福柯对康德的评价中，他特别强调了康德对“我们是什么”的思考，而这个思考的维度正是“现在”“目前”。同样，深深吸引福柯的尼采著作《不合时宜的沉思》中也表达了同样的意蕴：“那种难以解说性：我们恰恰活在今天，却要有无限的时间产生，我们除了一个短暂的今天之外不应当拥有任何东西，不应当在它里面表明任何东西，我们因为什么和为了什么恰恰现在产生。”①“它里面”指的是无限的时间，我们不应该在无限的时间中去寻找，而要去关注我们的“今天”“当下”“现在”。作为“尼采主义者”的福柯同样重视“现在”的思考维度，福柯的思想与康德在此关注的是同一个问题：对我们及我们现状的分析。那么问题在于：带有哪种朝向性去分析我们的现状呢？去探索我们自身的界限呢？

“关于我们自身的历史存在论”的探求的目标是寻找不再是我们自身的主体化形式。“现在”是“我们自身的存在论”的思考维度，关于我们自身的分析就是试图把握住现时性状态下，我们“自身”是什么。福柯认为我们的“当下”绝对不是凭空捏造的，而是有其历史的由来。福柯主张对“我们自身的存在论”的批判性分析和历史性调查就是试图越过“界限”，“界限”就是“主体的界限”，而这个“界限”就内在于历史中。福柯认为必须在主体历史的内在形式中，而不是在自我的超越中去发现和考察这些“界限”，去发现和考察人类自身究竟根据什么条件，不断地反思和考量自身、自己的所作所为以及自己生活于其中的世界。

发现“我们自身”不是思想的目标，而只是其中的一条道路，而其朝向性却指向了“不再是我们自身”：“福柯一生所关怀的基本问题，始终是我们自身的生活命运；他既要探讨我们自身的现

① [德]尼采：《不合时宜的沉思》，李秋零译，华东师范大学出版社 2007 年版，第 245 页。

状及历史原因，又要寻找我们自由的审美生存的出路。”①福柯指出：“也许当今的目标不是去发现我们是什么，而是拒绝我们是什么。我们不得不想象并造成我们可能的样子，以此摆脱现代权力组织的个体化，同时又是现代权力组织整体化的这种政治上的‘两面约束’。结论是：目前的政治、伦理、社会和哲学问题不是努力把个体从国家、国家制度中解放出来，而是要把我们从国家和那种与国家相联系的个体化中解放出来。我们必须通过拒绝几个世纪以来强加于我们的这个个性，提出主体性的新形式。”②

福柯为什么会尝试去寻找新的主体性形式？原因就在于福柯认为传统的主体化形式让“自我”成为被宰制的对象，这种主体性的形式让西方人渐渐失去了“自身”。为了揭示传统的主体化形式的实质，福柯用一生的时间从事考古学和谱系学的批判研究工作，不遗余力地揭示出知识、权力以及它们之间的相互关系。福柯认为，在启蒙运动以后的历史进程中，我们逐渐地丧失了我们“自身”：对理性的偏执，让我们失去了思考和运用非理性充实我们生命的可能性；医学知识成为窥探和“统治”病人的特殊的“权力”策略，病人没有反抗的余地，任凭医生的话语操纵；监狱的诞生象征性地标志着我们的社会已经俨然成为一所大型的“监狱”。学校、军队、医院各个社会的部门都成为规训我们“肉体”和“精神”的场所，一切都被打上了被规训的印记。一方面，我们“自身”成为了知识、权力、道德运作下被造就的主体，另一方面我们“自身”也在不知不觉中沦为社会管理和规范下的被宰制的对象。这样的主体“无非是各种传统理论对每个人的自身进行扭曲的结果，也是社会统治势力普遍宰制个人的欺诈

① 高宣扬：《福柯的生存美学》，中国人民大学出版社 2005 年版，第 9 页。

② [美]德赖弗斯、拉比诺：《超越结构主义与解释学》，张建超、张静译，光明日报出版社 1992 年版，第 281 页。

手段”[①]。所以,福柯才会不断在历史中去揭示我们“自身”是什么。他不仅去揭示“自身”,而且还希冀能摆脱这种我们“自身”被“扭曲”的状态,寻找一种新的主体性形式。正因如此,福柯在晚期才会去研究古希腊和罗马人的生存方式和风格,意欲能在古代人的生活中找到对我们当下生存有用的东西。

福柯看到了一种新的主体性形式,我们“自身”被扭曲的状态是一种外在规则的“钳制”和“裁剪”,而古希腊和罗马人的规则却来于自我的“内心”:“我们按照自己的尺度和法则生活……我们应当在我们自己面前为我们的存在负责。”[②]“希腊伦理学的要点就是个人选择问题,是生存美学问题”。[③]“从自我不是赋予的观点出发,我想只有一种可行的结果:我们必须把我们自己创造成艺术品”。[④] 因此,福柯认为当前思想的任务不应该是把个体从国家、国家制度中解放出来,而是要从与国家和国家制度相联系的个体性中解放出来,这种个体性是传统的主体性,这种解放就是寻找一种崭新的、自我不会被“扭曲”的主体化形式。这种形式就是“把我们自己创造成艺术品”,而这样一种生存美学并不是对未来的一种“幻想”和空头的“允诺”,因为这样一种生存的风格就曾经真实地存在于古希腊的社会当中,也活生生地存活在现代社会的人群当中。

福柯的这个思想在《何为启蒙?》一文中体现得也非常明显,他对此的阐述是与他对现代性的认知相联系的。福柯认为康德把启蒙理解为对我们“当下”的反思,并且使纯粹的现时性“成问

---

① 高宣扬:《福柯的生存美学》,中国人民大学出版社 2005 年版,第 11 页。

② [德]尼采:《不合时宜的沉思》,李秋零译,华东师范大学出版社 2007 年版,第 245 页。

③ [美]德赖弗斯、拉比诺:《超越结构主义与解释学》,张建超、张静译,光明日报出版社 1992 年版,第 302 页。

④ [美]德赖弗斯、拉比诺:《超越结构主义与解释学》,张建超、张静译,光明日报出版社 1992 年版,第 305 页。

题化”，这种对“当下”问题化的态度是一种“差异性”的思考，由此启蒙成为一个“出口”“出路”。在这种差异中，我们自身的改变成为可能。这就是康德所说的：它使我们从“不成熟”的状态中走向“成熟”。“不成熟”的状态指的是在他人权威的控制下按他人意志去使用理性，或依赖外在权威并在外在权威的引导下去使用理性；而所谓的“成熟”则是摆脱了权威的控制和支配，运用自己的理性。因此康德说“启蒙”的口号就是不畏惧权威，敢于运用自己的理性，摆脱迷信从而有（自己独立）认知的勇气和胆量。

按照福柯的理解，康德对“启蒙”的谈论恰恰是关注到“当下”的维度。在此，启蒙作为“出口”就成了这样一个“现在”的时刻，这个时刻朝向未来，朝向自我的改变和更新的时刻，这是一个人们敢于运用自己的理性而不服从权威的时刻，一个人类从自己的“幼稚”走向成熟的时刻，一个具有差异性的时刻，一个人们与自己的过去和现在发生断裂的时刻，一个人的理性获得自由而对自己的现在进行反思的时刻，也是人们意识到要对自己的这种不成熟状态负有责任并决定改变自身现状的时刻。福柯说：“他（康德）在文章一开始就要读者注意，人自身要对所处的未成年的状态负责。应该认为，人只有自己对自身进行改变才能摆脱这个状态。”①

福柯指出了康德的《何为启蒙？》与他的三个批判的关系。福柯认为康德关于“启蒙”的描写为人类运用自己的理性而不服从任何权威的那个时刻，恰恰需要“批判”这样一项工作。因为“批判”的作用正是确定在什么条件之下，人类运用理性才是正当的、合理的，这样才能断定人们所能认识的、应该去做的和可以期望的东西。然而，正是对理性的不恰当运用，加上想象，才

① 杜小真编选：《福柯集》，上海远东出版社 1998 年版，第 531 页。

产生出教条主义和他律的东西，反之，当理性的正当运用在其原则中得以明确确定的时候，理性的自主才能有保证。福柯认为“批判”在某种程度上是一本记载在“启蒙”中已经成为举足轻重的理性日记，反之，“启蒙”表明的就是一个以“批判”为其精神内核的时代。

关注“现在”“批判”（反思和界定我们的现在）、“责任”（走向成熟状态的责任）、“自由”（走出、改变我们的现在），这些一系列的态度，正是福柯在康德那里所看到的一种全新的哲学思考方式和态度，这是一种关于我们如何认识和关注我们现在（当下、纯粹现时性）的思想态度，在此，福柯把这种态度称为“现代性态度”。很多人把“现代性”和“后现代性”区分为两个历史时期（时代），而福柯则通过对康德思想的借鉴，把“现代性”理解为一种态度而不是一个时代或者时期。福柯认为这种态度是“指对现时性的一种关系方式：一些人所作的自愿选择，一种思考和感觉的方式，一种行动、行为的方式。它既标志着属性也表现为一种使命，当然，它也有一点像希腊人叫做 ethos（气质）的东西”。①。

依福柯之见，“现代性的态度”就是“启蒙”的态度，这种态度不仅体现在康德的《何为启蒙?》这篇文章之中，而且还体现在诗人波德莱尔的作品和意识之中。福柯把波德莱尔的作品体现出的现代性意识总结为：现代性并不是一种对短暂的现在的敏感，而是一种使现在“英雄化”的意愿，突出“现在”，关切“现在”，在现时当中把握某种“永恒”的东西；这种“英雄化”具有讽刺性。突出“现在”，但并不是使正在逝去的时光神圣化，意图留住它而使其永在，而是将“现在”看作一个差异化的时刻，一个即将被超越的时刻，一个通过现实与自由创造的互动而使现实发生改变

① 杜小真编选：《福柯集》，上海远东出版社 1998 年版，第 534 页。

的时刻;现代性不仅仅是相对现时的关系,这种关系也应同自身建立起关系。成为现代人,并非接受身处流逝的时光中的那种自己本身,而是把自己看作一个复杂而艰难的制作过程的对象,现代人并不是去发现自己的秘密和真理的人,而是那种设法创造他自己的人。这种态度是要把"自身"创造为一件艺术品;波德莱尔的追求艺术化生存的"英雄"只在今天的社会中,只在艺术领域中有其地位,而不是在社会自身或者政治团体中。这就是福柯认为的"现代性态度"。在福柯看来,这种在现实性中把"自身"创造为艺术品与"关于我们自身的存在论"的批判性分析实乃一体两面之事:"一方面,我曾想着重指出哲学的质疑根植于'启蒙'中,这种哲学质疑既使得同现时的关系、历史的存在方式成为问题,也使自主的主体自身成为问题;另一方面,我曾想强调,能将我们以这种方式同'启蒙'联系起来的纽带并不是对一些教义的忠诚,而是为了永久激活某种态度,也就是激活哲学的'气质',这种'气质'具有对我们的存在作永久批判的特征。"①这种哲学的态度成为一种人的生存风格和样式:"我认为,这种批判工作必须对我们的界限作研究,即,它是一种赋予对自由的渴望以形式的耐心的劳作。"②这种风格带有对"自由的渴望",福柯在此所指的自由不再是传统形而上学所追求的远在彼岸的自由(基督教),也不是向当下的人许诺的远在人类未来的自由(马克思的共产主义),而是"当下""现在"的自由:"人生的真正目标,不是寻求时时约束我们自己的'真理''权力'和'道德',也不是盲目地依据传统的主题论而将自身改造成为知识、权力的主体,而是使自己成为自身命运的真正主人,具有绝对独立意志,敢于和善于满足自身的审美愉悦快感,使自身的言

① 杜小真编选:《福柯集》,上海远东出版社1998年版,第537页。
② 杜小真编选:《福柯集》,上海远东出版社1998年版,第543页。

语运用熟练自如，文风优雅，培养自身成为富有创造性的自由个性的个人。"[①]正如尼采的"超人"般的人，尼采说："只有作为审美现象，世界的生存才是有充分理由的。"[②]福柯对此表示赞同："对，我的观点与尼采更接近些。"[③]关注"现在"的维度使福柯的思想具有了一种对现实的渗透力量，它不同于寄希望于彼岸的基督教，也不同于寄希望于未来的传统的形而上学，而是在"当下"的生活中，使我们自身发生改变。这也就是福柯在伊斯兰革命中看到的"精神性"以及在东方性艺术中的对于自我修身的关注。福柯并没有说这是一条"绝对"的道路，毋宁说让人们看到了生存的一种可能性。

余虹指出："福柯的思想也许想唤起人们对一种消失了的生活和存在方式的记忆。作为一种存在方式，艺术不是什么特殊的文化类别，这是生存美学的核心，因此，他的生存美学的研究并不是出于什么现代艺术和美学的兴趣，而是要以此爆破现代人习以为常的生活信念，使之看到另一种生活，一种被现代主体化的道德生活所遮蔽的道德生活。"[④]福柯对于这种生存方式的现实性毫不怀疑，并且亲身实践着，他自己的人生经历就类似于波德莱尔笔下"花花公子"式的人生。我们对于福柯的思想也许不应该要求得过高，如果我们这样去要求了，我们也许就会掉到福柯所反对的那种形而上学思维当中去了，因为在福柯的眼中，哲学更类似一种"诊断学"，而不是一种"预言"。

福柯对待启蒙的态度就采取了一种拒绝"敲诈"的态度，没必要一定要作出一种选择。我们不妨借鉴一下福柯对待启蒙的

---

① 高宣扬：《福柯的生存美学》，中国人民大学出版社 2005 年版，第 12 页。

② ［德］尼采：《悲剧的诞生》，杨恒达译，译林出版社 2007 年版，第 7 页。

③ ［美］德赖弗斯、拉比诺：《超越结构主义与解释学》，张建超、张静译，光明日报出版社 1992 年版，第 305 页。

④ 余虹：《艺术与归家——尼采·海德格尔·福柯》，中国人民大学出版社 2005 年版，第 285 页。

态度，去拒绝对福柯的“生存美学”做出一个“是非性”的选择，正确的态度应该是不断地批判和反思。福柯反思和批判我们自身的历史“现在”，并在“现在”中肯定生存的态度，让生活成为一件美的艺术品的观点都是非常具有现实意义的。在这种理解基础上，我们也可以把福柯的思想看作一种“差异性”、一个“出口”、一扇“门”，但不一定是唯一的。当对福柯的“生存美学”的思想有了深刻的了解和体会之后，也许一个人在内心中就会禁不住反问自己这样一个问题：对于我自身，我该如何成为自身？这也许是福柯“生存美学”更具意义的一个方面。同时，我们在接下来的内容中将会看到福柯对于“生存美学”的追求不仅具有了一种现实性的力量，而且渗透着对于哲学精神性的“归乡之情”。

第二节　“关心你自己”与“认识你自己”

福柯在《性经验史》中谱系了自古希腊到近代对待性的不同的态度和经验，而在修订《性经验史》的同时，福柯极力想撰写另一本著作，这就是后来出版的《主体解释学》。其主要内容就是福柯于 1982 年在法兰西学院的上课内容，比起《性检验史》来说，谱系的对象更加宽泛，他不再以“性经验”在西方历史上的三次主要表现形式，即古希腊—罗马时期的“性快感”、基督教的“肉欲”和近代的“性经验”为谱系的对象，而是以“修身伦理”在西方历史上的变迁为对象，“性经验”只是“修身伦理”的组成部分。

福柯看到，在古希腊时期，修身是贵族子弟为了成为未来的城邦统治者的必修课，这种修身方式不仅是一种对自身的关怀，而且是一整套的行为方式。既要照顾自己的身体、维持健康、有节制地满足身体的欲望，还要通过写作、阅读、沉思等方式对自身进行反省。修身不是自私的，而是一种参与公共活动的社会实践。具体地说来，修身有一整套的技术和训练的方式，比如节制训练、对良心和自己的思想的反省等。修身的目的就是转向自身，然后从自身出发涉及自身与他人、自身与城邦的关系，古希腊人相信一个有德行的人才是一个合格的统治者。

在罗马化时代，修身已经不是贵族人的专利，而成为一般人的生存需求。它强调个人在修身过程中的软弱，要求用普遍的原则来让人摆脱苦恼。但是，相对于对普遍原则的遵守，个人可以自由地选择修身方式。在基督教时期，修身的原则已经被基督教的强制律令所代替，但是修身方式并没有完全消失，只是这种选择已经完全失去了自由选择的可能性。到了近代，尤其是笛卡儿的时候，“关心自我”已经转为通过认知达到自我的路径，“关心自己”的修身训练最终被“认识自己”的理智方法所取代。具体来说，古希腊和罗马的修身伦理是与生存艺术密切相关的，修身就是一种生存的艺术，是一种生存的风格化和美学化。这种修身方式包含了一个问题：人如何才能恰当地治理自身和他人呢？但是这个问题不仅是一个认识上的问题，也是一个行为实践上的问题，是一个生存问题。但是，对比古希腊和罗马的修身伦理，福柯发现当代的伦理的缺点就是缺少了修身这个伦理向度。伦理规则成为一个“僵死”的条条框框，这个伦理已经被科学化和法律形式化了，已经失去了发自内心的主动的伦理向度。联系到现实，即使是因为人为导致的灾难和过错，也只会在法律和科学意义上进行价值判断，而与道德良心已经没了关系。

福柯在《主体解释学》探讨了“主体与真理”的关系，“主体与真理”在福柯这里具有了特定的含义，它是指认知主体的问题、主体自我认识的问题。在我们看来，福柯的意思其实就是想探讨作为活生生的在社会和个人的生活中的实践主体与认识的关系。福柯对这样一个问题的探讨其实在批判通过我们自身的认识就能获得解放的观点和思维方式。福柯对此持一种怀疑的态度，或者是一种否定的态度，这在前面我们看到福柯对人类学结构的形而上学的态度中已经有所了解，而在《主体解释学》中是对这个问题的深化。因此福柯在本书的开头称：“我并不想取消或去除我曾企图把有关主体性和真实的关系的这一问题置入其中的历史向度，而是要让它以一种更一般的方式呈现出来。我今年讨论的问题是：‘主体’和‘真实’这两个要素之间的各种关系是在什么历史形式中相互维系起来的。”[①]而福柯对于主体与真理关系的谱系是从“关心自己”这个概念开始的。

“关心自己”就是照料自己、呵护自己的意思。在福柯看来，这个说法最早的表现形式就是出现在希腊德尔菲神庙的神谕“认识你自己”。尽管“认识你自己”在神庙中表述得很清楚明白，而且被刻在神庙的石头上，但是“认识你自己”最初并没有人们所赋予的含义。在两篇史料中，爱皮克泰德指出“认识你自己”的格言曾经被铭刻在雅典社区的中心。但是福柯认为“认识你自己”在此时并不是哲学意义上的：“它不是在这一公式中被规定的认识自己，也不是作为道德基础的认识自己，而是作为与诸神的关系之根据的认识自己。”[②]福柯认为德尔菲的劝诫是对那些来向神请教的人说的，必须把这个劝诫解释为各种法则、与请教行为相关的各种劝告仪式。这个劝诫里面包含了三个劝诫的内容，首先它的含义是指“凡事不要过分”，也就是说：你这个来向神请教的人，不要提过分的要求和问题，只提有用的问题，你要提的问题都是必要的。其次，劝诫有关各种保证，含义是当你向诸神有所请求的时候，不要许愿，不要答应你无法兑现的事情和诺言。再次，它的含义是指在你向神询问时，一定要好好检查你心中需要和想要提出的问题，必须关注你需要知道的东西。

---

① [法]福柯：《主体解释学》，佘碧平译，上海人民出版社 2010 年版，第 4 页。

② [法]福柯：《主体解释学》，佘碧平译，上海人民出版社 2010 年版，第 5 页。

福柯认为这绝对不是一种认识自身的原则，而是一般审慎的律令："在需求和希望方面'不要太过分'，在行事方式上也要如此。……至于'认识你自己'，这只是不断地提醒人不要忘了自己只是一个不免一死的人，而不是神的劝谕，它告诫人不要把自己的力量估计得过大，也不要与神的力量较量。"[①]福柯看到，当"认识你自己"出现的时候，总是与"关心你自己"密切相关。在这两者之间的关系中，"关心你自己"是更为重要的，"认识你自己"只有在"关心你自己"的法则内部才会出现。福柯对这两者之间上下关系非常看重，福柯认为："关心自己是一种刺激，应该被置入人体内，放入人的生存中，它是一种行动原则，一种活动原则，一种在生存过程中不断担忧的原则，因此，我认为，这个'关心自己'的问题也许应该摆脱'认识自己'权威，它让后者退居其次。……'关心自己'是'认识你自己'这一律令得以证实的范围和基础。"[②]福柯认为在古希腊人的生存当中，"关心自己"是比"认识自己"重要的，也就是说生存的实践性是比认知重要的，除非认识对生存的促进有利，认识必须臣服于生存，也就是说"真理"必须服务于修身的"主体"。

我们知道苏格拉底的一句箴言就是"认识你自己"，一般情况下，我们都把苏格拉底看作是通过"认识你自己"走向伦理和道德的，福柯看到的是却恰恰相反的内容。福柯认为苏格拉底首先是"关心自己"的人，而且他一直都是，包括他的死亡。很多史料记载："苏格拉底总是在路上劝导年轻人，对他们说：'你们必须关心你们自己。'"[③]福柯很有洞见地指出："关心你自己"是在整个的古希腊、希腊化和罗马文化中规定哲学态度的一个基本原则。但是，在西方思想的漫长历程当中，"关心自己"的原则

① [法]福柯：《主体解释学》，佘碧平译，上海人民出版社 2010 年版，第 5 页。
② [法]福柯：《主体解释学》，佘碧平译，上海人民出版社 2010 年版，第 8 页。
③ [法]福柯：《主体解释学》，佘碧平译，上海人民出版社 2010 年版，第 10 页。

与“认识你自己”的原则之间的关系发生了很大的变化，“关心你自己”的原则的位置渐渐被“认识你自己”的原则所取代。造成这个情形的主要原因有两个：一个是基督教的道德是一种“非利己主义”的道德，但是同时它又要求人们“关心自己”，不断地反省自己是否按照上帝的意志和戒律生活，在福柯看来这是基督教道德的一个悖论；另一个主要的原因就是“笛卡儿时期”，它既在哲学上重新确定“认识你自己”，又同时贬低“关心自己”。笛卡儿把自明性作为根源，作为其不断怀疑的哲学方法的出发点，自明性就是如其所呈现的，即如其所与的、给予意识的。福柯认为：“笛卡儿的方法指的是认识自己，至少是把它作为意识形式。而且，把主体自身存在的自明性作为通向存在的根据，这一对自身的认识使得‘认识你自己’成了通向真理的一条根本途径。”[①]正是这样一种表达，体现出对于“认识你自己”的偏重，而对“关心你自己”原则的贬低。

福柯通过对“关心你自己”和“认识你自己”二者关系在西方历史中的变化，重新思考了哲学的“精神性”。福柯的表述很长，但是我们还是不厌其烦地引用它：“我们称之为‘哲学’的思维方式，拷问的不是何谓真，何谓假，而是什么使得存在和可能存在真与假，以及人们能够或不能够区分真和假。我们称之为‘哲学’的思维方式，拷问的是什么允许主体达到真理，它试图规定主体达至真理的各种条件与局限。如果我们是这样来称呼‘哲学’的，那么我认为我们可以把主体为了达至真理而用来塑造自己的探究、实践与体验称为‘精神性’。这样，我们会把诸如净化、禁欲、摒弃、目不斜视、改变生存等一整套探究、修养和体验称为‘精神性’，它们不是为了认识，而是为了主体和主体的存

① ［法］福柯：《主体解释学》，佘碧平译，上海人民出版社2010年版，第13页。

在，成了达至真理的代价。”[①]福柯的这段话意思是非常明显的，他在此用的“真理”已经不是认识论上的真理了，而是指“生存的真理”，与海德格尔思想中的“真理”的含义相类似。哲学与生存的关联不是通过认识这样一条路径相互关联，而是哲学本身就是主体的生存的选择，一种灵魂的训练，也就是福柯所说的主体为了达到真理来塑造自身的探究、实践与体验。福柯在古希腊和古罗马的生存艺术中看到的就是这种哲学的“精神性”，这种“精神性”不也正是福柯在伊朗革命中看到的吗？

如此，“精神性”在福柯看来具有特定的意蕴。精神性要求真理绝不是被给予完全的主体的，毋宁说精神性要求这样的主体是没有理由和能力达至真理的，它要求真理不会通过一次简单的认识活动而给予主体，恰恰相反，精神性要求主体为了通达真理必须改变自己、转换自己，也就是说真理只是在与主体的存在的互动之中才能得到显现。这种主体通达真理的运动是一种“爱”的运动，“爱”在此指的就是“Eros”，就是最原始意义上的“爱”，指的就是古希腊人最初赋予哲学的含义：“爱智慧”。哲学是“爱智慧”，“爱”与“智慧”本身是一体的，其含义无非就是精神的探寻就是自我的修身。在古希腊人那里具体地表现为人与自然的合一，万物合一。在“爱”中，人通向了存在的真理，就是指体验到人与自然、人与宇宙的合一性。哲学在最原始的意义上根本不是一种方法论，也不是一种认识论，哲学本身就是希腊人通达生命真实存在的“朝圣之路”。而把希腊哲学仅仅看作是自然哲学、宇宙论，看作是哲学的“童年”是不正确的，因为在希腊哲学中涌动着哲学最内在的“精神性”。福柯看到：“为了达至真理，主体能够和应该用来改变自身的另一个主要方式是劳作。即自身对自身的一种劳作，一种自身对自身的设置，一种自身对

① ［法］福柯：《主体解释学》，佘碧平译，上海人民出版社2010年版，第13页。

自身的渐进性的改变，人们在长期的苦行劳作是自己对这种改变负责的。我认为‘爱’和‘苦行’是人们在西方精神性中用来理解主体为了最终成为能够获得真理的主体而必须有所改变的样式的两个主要方式。”①而通过这个过程的延伸，真理并没有通向无止境，而是回归了主体自身：“对于精神性来说，真理不仅是被给予主体的东西，以便通过认识活动来报答它，以及用来充实这一认识活动。真理就是让主体澄明的东西；真理赋予它真福；赋予它灵魂的安宁。简言之，在真理和通向真理的途中，存在着完成主体自身、完成主体的存在或改变主体形象的某种东西。”②在此，哲学和生存具有了最原始的联系，福柯深刻地洞察到：“大致说来：在整个古代，尽管方式各不相同，‘怎样达至真理’的哲学问题和精神性事件（可以达至真理的主体存在的必要变化），这两个问题，这两个论题从未分开过。显然，对于毕达哥拉斯学派来说，它们是不可分割的。对于苏格拉底和柏拉图也是如此：‘关心自己’具体指的是精神性的全部条件，一整套对自身的改变，它们是人们可能达至真理的必要条件。”③

但是，当“认识你自己”渐渐地在现代人通达自由和真理的道路上变得更加重要之时，哲学逐渐失去了“爱”，失去了其原始的“精神性”，通过自我的修身通达自由的道路也隐匿了。因此，福柯认为：“真理史上的现代是从唯有认识才使人达至真理的时期开始的。”④但是这条路径在福柯的眼中是失败的，仅仅通过认识去理解人的存在和自由必然是一条走不通的死胡同，人变成了一个“陀螺”。如果通向真理的道路从此只以认识作为条件，认知只会找到无止境的认识之路，认识只会沿着无止境的进

① [法]福柯：《主体解释学》，佘碧平译，上海人民出版社2010年版，第14页。

② [法]福柯：《主体解释学》，佘碧平译，上海人民出版社2010年版，第14页。

③ [法]福柯：《主体解释学》，佘碧平译，上海人民出版社2010年版，第14页。

④ [法]福柯：《主体解释学》，佘碧平译，上海人民出版社2010年版，第15页。

步方向走下去，人们永远也不会到达它的终点，这样一条无止境的道路的结果就是“真理”不再能够拯救“主体”。这不正是福柯在人类学的形而上学中看到的吗？福柯的“人之死”的含义不正是意味着哲学“精神性”的“沉睡”吗？福柯的“生存美学”的思想不正是建立在哲学最原始的“精神性”之上吗？可以想象，福柯在几千年以后的现时代中，看到在尼采、海德格尔、黑格尔的思想中以及伊斯兰革命中的这种“精神性”，怎么会不为之所动呢？

结　语

福柯的思想归宿是“生存美学”，他对古希腊的生存风格有着特别的迷恋，这是什么原因呢？我们看到，不仅是福柯，还有尼采、海德格尔的思想都带着一种“归乡”之情，这又该如何理解呢？在与古希腊、尼采、海德格尔的关联中，我们该如何看待福柯思想的历史维度呢？

福柯、尼采以及后来的海德格尔，都对古希腊人的生活有着特别的迷恋，那么古希腊人的生活是一种什么样的风格？19世纪著名的史学家兼文学批评家丹纳在其著作《艺术哲学》中对古希腊人有这样的描述：“他们（古希腊人）能对自己说：做就做真正的人，要有活泼灵敏的身体，要有思想，有愿望。人的一生从呱呱啼哭的婴儿到走进安静的坟墓不过六七十年，让我们尽可能使自己的身体健康、强壮、美丽、生机勃勃，也要让大脑的每一根神经都活跃起来，要用精致的感觉、敏捷的领域、豪迈活跃的心灵所有创造和欣赏的一切美来装扮人生。”[①]因此，“在古希腊，人令制度顺从于人，而不是人隶属于制度，把制度作为手段，

① ［法］H. 丹纳：《艺术哲学》，张伟译，北京出版社2004年版，第144页。

而不是目的，人利用制度求得自身的和谐与全面的发展。”[①]丹纳的评论是非常到位的，但是我们不能同意他的这种观点：“古希腊人的观念太明确，思想的方式太狭窄。他们的心灵接触不到‘博大’，顶多只触及一半。”[②]古希腊人的思想方式怎么会狭窄呢？古希腊人的心灵怎么会不博大呢？

公元前439年，古希腊的政治领袖伯里克利在雅典发表了纪念阵亡者的演说，伯里克利执政的时代被称为古希腊历史上的黄金时代，在这个演讲当中，伯里克利总结了古希腊的精神：“我们爱好美丽，但没有因此奢侈；我们尊重知识，但并没有因此柔弱。我们追求财富，那是为了增强我们的能力，而不是愚蠢地用来炫耀。在我们这里，每一个人所关心的不仅是他自己的事务，还有城邦的事务；即使是那些埋头于自身事务的人，对于政治也很熟悉——这是我们的特点：在雅典，不关心政治的市民不被认为是喜爱平静、与世无争的人，而是一个不合格的、没有意义的人。我们的公民自己决定城邦的政策，这些政策将得到广泛的讨论。我们认为言论和行动之间是没有矛盾的，最坏的事情就是没有经过恰当的讨论，就贸然开始行动；这一点又是我们和其他地方的人民不同的地方。我们敢于冒险，同时又能够在进行这一冒险之前深思熟虑。他人的勇敢，是由于无知；当他们停下来思考的时候，就开始疑惧了。但是真正算得上勇敢的人是那些最了解人生的幸福和灾难，然后勇往直前，担当起将来会发生的事变之结果的人。”[③]我们可以在这段话中读懂很多东西，为什么伯里克利会把爱美作为首先提及的东西呢？这是因为在古希腊人的观念当中，美是比智慧、权力和财富更值得追求

---

① [法]H.丹纳：《艺术哲学》，张伟译，北京出版社2004年版，第144页。

② [法]H.丹纳：《艺术哲学》，张伟译，北京出版社2004年版，第141页。

③ [美]佩里·斯科特·金：《伯里克利》，陈俊华译，中国工人出版社2010年版，第122页。

的东西，下面的分析我们就会看到这一点。同时，在这段话中，我们看到了古希腊人的“节制”的高尚情操：爱美并不奢侈，爱智慧（笔者认为这里更应该翻译为智慧，而不是知识）并不柔弱，追求财富是为了适当利用而不是为了炫耀。古希腊人崇尚自由，但是又不只是关心自己的事务，而是以国家的事务为首要。我们还看到：古希腊人并不是对于人生没有深刻的体验，而是恰恰在深刻地认识到了人生的幸福与灾祸之后，又勇敢地去承担命运的态度。

古希腊人把“美”看得比智慧、权力和财富都重要，这是因为古希腊人把生命本身看得最重要，古希腊人对于现实生活具有无比的热爱之情。我们不妨回顾一下特洛伊战争这个神话传说。特洛伊城在当今的土耳其境内，也就是小亚细亚境内，但是这片区域，古希腊人称为东方。当时的特洛伊城的国王普里阿摩斯和王后赫卡柏有两个儿子，大儿子叫赫克托，小儿子叫帕里斯。赫卡柏在帕里斯出生前夕，梦见自己生了一根火把，火把点燃了整个特洛伊城，把城市烧成了一片灰烬。国王和王后认为帕里斯的出生是个不祥之兆，于是把帕里斯遗弃掉。但是后来帕里斯被一个牧人捡到，并抚养长大。王子帕里斯勇力过人、才貌出众，远近闻名。有一天，王子在山谷里放牧时遇到了众神的使者赫尔墨斯，赫尔墨斯告诉他有三位众神希望英俊的王子能做一次她们的裁判，让王子判定她们中间谁是最漂亮的女子，并且这是宙斯传达的命令，让王子担当这一重任，宙斯不会忘掉以后给他佑护和帮助。这三位女神一位是宙斯的妻子赫拉，一位是爱神阿佛洛狄忒，一位是智慧女神帕拉斯。三位女神都引诱王子，赫拉答应给王子至上的权力，帕拉斯答应给王子无比的智慧，爱神答应可以帮助王子娶到世上最美丽的女子海伦。王子最后的选择是阿佛洛狄忒。于是，王子在爱神的帮助下，俘获了国王阿伽门农的妻子海伦的心，并带着海伦回到了特洛伊，这就成为特洛伊战争的导火线。特洛伊战争历经10年，最后以古希腊人的木马计取得胜利而告终，而这个计谋的策划者就是古希腊中最有智慧的奥德修斯。《荷马史诗》的后半部《奥德修斯》讲述的就是特洛伊战争结束以后，奥德修斯带领士兵回国途中的冒险和经历。[①] 在这个故事当中，我们可以看出古希腊人对待美、智慧、权力的态度，帕里斯为什么会选择阿佛洛狄忒？就是因为帕里斯把美看得更重，这在侧面也反映出古希腊人对待美的态度，在古希腊人的观念里面，美是比智慧、权力更为重要的东西。在《奥德修斯》中，我们也能看到这种相类似的态度。据说奥德修斯进入地狱之后，碰到了战神阿克琉斯，他看到阿克琉斯成为亡灵的统帅，并且为之高兴。于是就有了这样一段对话："阿戏留(阿克琉斯)，我看从古到今没有比你更幸福的人了；你从前活着的时候，我们阿卡亚战士们对你像天神一样尊崇，现在你在这里又威武地统率着鬼魂们；阿戏留，你虽然是死了，你也不必悲伤。我这样说，他立刻回答道：光荣的奥德修，我已经死了，你何必安慰我呢？我宁愿活在世上做人家的奴隶，伺候一个没有多少财产的主人，那样也比统率所有死人的魂灵要好。"[②] 在这段对话中，我们看到古希腊人的生活态度，他们对于现实生活的热爱之情是无以复加的，而这份热情就是来自于对生命的热爱，对美的热爱。

古希腊人热爱生活，又对生活保持着一种敬畏和节制的态度，而这种态度来自于对于"自然"的敬畏，"自然"在古希腊人的眼中不同于我们对自然的理解。我们是把自然看作人加以认识和改造的对象，但是在古希腊人的观念中，"自然"是涌动着的、活生生的自然。我们可以想象当古希腊人驾驶着一叶扁舟航行

---

① 参见[德]古斯塔夫·施瓦布：《古希腊神话》，曹乃云译，译林出版社2010年版，第267～451页。

② [古希腊]荷马：《奥德修斯》，杨宪益译，中国工人出版社1995版，第132页。

在无垠的爱琴海之上，面对时刻的危险、波澜的海洋、深邃的夜空，他们心中不会产生对生命的思考吗？尤其是当这短暂的生命面对着宇宙的永恒。这种对于“自然”油然而生的敬畏已经蕴含在古希腊人的生存现实当中。古希腊人崇拜的诸神都是某种自然之力的支配者，这绝对不是偶然的，他们对于命运的思考是其他以及以后的民族都无法超越的。在古希腊神话当中，即使是诸神也逃脱不了命运，何况这现世的人呢？我们看到，古希腊悲剧的主题就是“命运”。古希腊人面对“命运”的态度是坦然的：与其诅咒命运，不如让自己的生命变成一件美丽的艺术品，让自己的生命成为永恒的艺术品。

最为重要的是，我们看到古希腊人根本不会寄希望于来世，他们热爱的就是唯一的世界，这个不断生成又不断消失的世界，他们对生命没有逃避，没有怨恨。学者汉密尔顿在其著作《古希腊精神》中这样描述古希腊人对于生命的态度：“快乐地生活、认识到世界的美好和生于其中的无限乐趣，是古希腊迥然不同于以前所有的社会的一个特点。这个特点至关重要。古希腊留给我们的所有事物中都铭刻着生的快乐，忽视这一点，就忽视了理解古希腊如何在古代社会中取得了伟大的成就这个问题的最重要的方面。然而这一点并非彰明较著，因为古希腊文学中同样也充满了悲哀。古希腊人深知生的苦涩如同他们深知生的甘甜。欢乐与悲哀、喜悦和苦痛在古希腊文学中携手并存，却没有引起冲突。不懂得欢乐的人也必然不懂得苦痛。那些精神消沉抑郁的人们不懂得欢乐一如他们不懂得悲伤。古希腊人和消沉抑郁无缘。他们的文学作品从不会基调灰暗、情绪消沉，而总是黑白分明的，或是深黑的、血红的、金黄的。古希腊人深切地、无比深切地知道生之无常和死之切近。他们一次又一次地强调所有人类的种种努力都是短暂的、无用的，一切美好的、使人快乐的事物都会转瞬即逝。甚至当品达在赞颂竞赛胜利者的时候，生活对他来说也只是'幻影之虚梦'。但是，即使在最黑暗的时候，他们也从来没有失去生活的品位。生活永远是奇妙的、令人欣喜的，世界永远是美好的，而他们，永远为生于其中而欢歌。"[①]这就是古希腊人的面对生命的态度，生命就是不断燃烧的火焰，即使面对生命本身的苦痛也是没有让他们悲观，生的快乐永远是生命的至高追求，生命的苦痛不仅没有让他们产生悲观的生命态度，反而成为激励着他们追寻生命智慧的道路。对于古希腊人来说，生命的痛苦和错误也有其自身的目的和用途——他们是知识的阶梯。比如在古希腊悲剧之父埃斯库罗斯的《阿伽门农》中就有这样一段话："是宙斯引导凡人走向智慧的道路。因为他立下了这条有效的法则：智慧自苦难中得来。回想起从前的苦难，痛苦会在梦寐中，一滴滴地滴在心上，甚至一个顽固的人也会从此小心谨慎。这就是坐在那庄严的艄公凳上的神强行赠送的恩惠。"[②]品味着生的快乐，却也不逃避生的苦痛，这正是古希腊人的生命态度。悲观与他们无缘，悲观属于生命意志的萎靡者，而不属于有着英雄般生命意志的古希腊人。生命重要的是此生的欢乐，与来世无关，生命都是此时此刻的，甚至日常生活中的点点滴滴的乐趣，在古希腊人看来也是真切的。诗人荷马曾经记录过他们的生活："盛筵、琴音、舞蹈、更衣、沐浴、爱和酣睡，这些对我们来说永远弥足珍贵。"[③]在古希腊的抒情诗歌中，日常生活中的一饮一食、朋友相聚、春天的闲暇、冬夜里温暖的炉火都是古希腊人挚爱的生命乐趣。

福柯思想中对"现在""当下"这个历史维度的"爱恋"所表达

---

① [美]依迪丝·汉密尔顿：《古希腊精神》，葛海滨译，华夏出版社 2014 年版，第 16～17 页。

② [美]依迪丝·汉密尔顿：《古希腊精神》，葛海滨译，华夏出版社 2014 年版，第 59 页。

③ [美]依迪丝·汉密尔顿：《古希腊精神》，葛海滨译，华夏出版社 2014 年版，第 18 页。

的不正是这样一种类似于古希腊人热爱“现世”的生存态度和风格吗？古希腊人的这一切，深深地吸引尼采、海德格尔和福柯。我们不妨看一下尼采对待历史以及对古希腊人的看法，这不仅体现在尼采对古希腊的艺术和悲剧的思考中，也体现在尼采对于历史的思考中，而尼采对于历史的沉思与古希腊悲剧和艺术的沉思的内在特质是同一的。

尼采在《历史的利与弊》之中表达了自己的历史观（尼采的历史观见附录），尼采认为历史学必须以生活为目标，必须在这个目的统治和领导之下，这是时代、文化、民族与历史学的一种自然关系。尼采认为，对历史学的运用起于对现实的分析和思考，由对历史学的需要程度来调整，必须通过生活内在的可塑力保持在界限内。但是，尼采看到在当代的文化现实中，对历史学的运用已经超出了这个界限，历史学已经犹如泛滥的洪水肆虐着现代人生存的精神家园，而其主要原因就在于历史学的科学化。

尼采认为要摆脱过度的历史学的危害，首先要正确地认识并摆正知识与生活的关系，必须认识到生活是最高的目的，是统治知识的势力。知识不以生活为目的，就会失去存在的合法性和基础。知识的目的在于生活，而不是知识自身的增多。由此，科学就需要一个较高的管理和监控，拒绝对历史学科学化的要求，并且要用“生活的保健学”治愈被过量历史学损害的生活。通过“非历史的”和“超历史的”精神形式，现代人才能返回到沉思的开端，返回到它的宁静。“非历史的”指的是“能够遗忘并把自己封闭在一个有限的视域里面的艺术和力量”，“超历史的”指的是“把目光从生成移开，转向把永恒和意义相同的品格赋予存在的东西，转向艺术和宗教的强势”。[①] 宗教具有永恒性的价值，而艺术是生命力创造性的表现，尼采在《悲剧的诞生》中就认为：“在艺术作品的意义中有着我们最高的尊严——因为只有作为审美现象，生存和世界才是永远有充分理由的。”[②]艺术的价值就在于对个体的生命价值提供了理由和根据，世界万物在其美化的外在中获得了其存在的合理性，生命个体对自我的生命也获得了肯定感。在宗教和艺术的氛围中，人不会出现精神和生活、内心与外在的对立，而这种人类存在的典型就是古希腊人，古希腊人的文化教养是一种“非历史的”文化教养形式，这种教养具有丰富、充满活力的现实性。

尼采提醒现代人应当看到这是古希腊人留给后代的最宝贵的精神遗产，因为古希腊人也曾经处在与我们相似的时代处境之下，他们也曾经可能因外在的和过去的东西泛滥、“历史学”的过度而沦亡。尽管如此，古希腊人渐渐地学会了把混沌的东西组织起来，并且在德尔菲的神谕“认识你自己”中坚守住自己的信仰，在同自己的艰苦斗争中，使自己成为先代的精神遗产的保存者和丰富者，成为后代文化的先行者和榜样。古希腊人的教养是自然性的文化教养，没有内与外、装扮和习俗的区别，“文化就是生活、思维、显现和意欲的一种一致”[③]。学习古希腊人的教养就是学习古希腊人的精神和生活的统一。文化的未来也就是现代人生存的未来可能性，未来的人类生活状态应该是精神和生活、内心与外在的统一，而不是相互对立，这正是尼采对于古希腊的借鉴。在这点上，福柯思想与尼采思想的内在含义十

① [德]尼采：《不合时宜的沉思》，李秋零译，华东师范大学出版社 2007 年版，第 236 页。

② [德]尼采：《悲剧的诞生》，杨恒达译，译林出版社 2007 年版，第 37 页。

③ [德]尼采：《不合时宜的沉思》，李秋零译，华东师范大学出版社 2007 年版，第 239 页。

分相似。那么我们不妨把福柯的思想放在更宏观的“现在”的时代背景上来沉思。

尼采、海德格尔和福柯对现代社会的描述上有着一些共同点，在他们的思想中，都体现着对现代人生存状况以及时代精神的忧虑，可以说在他们的眼中，我们的这个时代就是一个“贫困的时代”。在他们的思想中蕴含着一种“失望”甚至是“绝望”的情绪，那么人真的已经失去了希望吗？从这个角度，我们又该如何看待福柯？

尼采在其历史观中描述了现代人的文化状况，当然我们在他的很多著作中都可以看到他对现代人的很多形象化和讽刺化的描述，比如他在《权力意志》一书中就描述现代人为：“现代性：现代社会价值的淆杂与腐朽状态与现代人的生理状态完全吻合。”[①]我们的时代是“上帝之死”投下的阴影，我们的时代是彻底的“虚无主义”的时代，这些都是尼采对现代的一种描述。而福柯虽然在其著作中对社会生活的各个领域都有分析和涉及，但对现代社会却没有一个总结性和象征性的描述，而在他与乔姆斯基的论辩中却有所涉及。当这次论辩的组织者询问福柯这个社会最严重的疾病是什么的时候，福柯是这样回答的：“对疾病和疯癫的界定，还有对疯癫的分类把一部分人从我们的社会排斥出去。如果说我们这个社会的特征是疯癫，那么它就得把自己排斥出去。它以内部改革的理由这么做。如果有这么一些人告诉你，这个现代世界受到了焦虑或精神分裂症的严重困扰，那没有他们更保守的了。这是在用狡猾的方式排斥某一群体或某些行为方式。由此，我认为我们完全可以这么说，我们的社会患上了精神分裂症或妄想症，除非只是作为比喻或游戏，除非我们赋予这些词汇非病理性的含义，要不我们可以这么说。如果

① [德]尼采：《权力意志》，贺骥译，漓江出版社2007年版，第293页。

您一定要我走极端，那么我会说我们的社会患上了一种病，一种非常奇怪、非常矛盾的病，对此我们还没找到一个名称。这种精神疾病的症状很奇怪，是这种症状产生了这种精神疾病。就是这样。”①福柯认为历史是一种“诊断学”，这与他对于现代社会特征的描述相关联。福柯认为现代社会是一个“疯癫”到认识不到自己的“疯癫”的社会，而这个思想与海德格尔的思想非常接近。

海德格尔深刻地体味到尼采“上帝之死”的含义，这在他的著作《林中路》中有着清晰的表达：“上帝之缺席意味着，不再有上帝显明而确实地把人和物聚集在它周围，并且由于这种聚集，把世界历史和人在其中的栖留嵌合一体。但在上帝之缺席这回事情上还预示着更为恶劣的东西呢。不光是诸神和上帝逃遁了，而且神性之光辉也已经在世界历史中安然熄灭。世界黑夜的时代是贫困的时代，因为它一味的变得更加贫困了。它已经变得如此贫困，以至于它不再能察觉到上帝之缺席本身了。由于上帝之缺席，世界便失去了它赖以建立的基础。‘深渊’一词原本意指地基和基础。……基础乃是某种植根和站立的地基。丧失了基础的世界时代悬于深渊中。”②

福柯对古希腊和罗马的分析恰恰验证了自己试图在人类学这个束缚的外壳之外寻找自由和思想的可能性的道路，这是福柯期望走出海德格尔所指的这个贫困时代的具体体现。福柯把自己的思想纳入到唤醒在人类学的美梦中沉睡的哲学思想的具体行动之中，并且主动融入到这个思想史过程中去。我们看到，福柯用力抓住“哲学的胳膊”并尝试把哲学拖出人类学的泥潭。

① [美]诺阿姆·乔姆斯基、[法]米歇尔·福柯：《乔姆斯基、福柯论辩录》，刘玉红译，漓江出版社2012年版，第82页。

② [德]马丁·海德格尔：《林中路》，孙周兴译，上海世纪出版集团2005年版，第243页。

如果哲学不是沉睡的，那么它就是清醒着的，关键是这样一种哲学的姿态将是一种什么样的哲学姿态呢？假如哲学不再以“一切的探讨都围绕着人”，哲学将是一种什么样的姿态？

难道福柯不是思考“人”吗？一方面福柯反对人类学，一方面又思考人，这不是自相矛盾的吗？不可否认，福柯是在思考人，他在著作中描述的不正是人的历史吗？用他自己的话来说就是“主体的历史”。福柯赞同尼采和海德格尔从无限的角度来思考人的问题，其实福柯反对的是以怎样的一个角度或者认知方式去思考人。在福柯的眼中，人类学的视角是一种从有限思考无限的视角，或者像康德那样直接给理性划定一个范围，在此之外的自由和宗教问题是不能用理性来回答的。福柯为何会更加赞美尼采和海德格尔呢？也许正是在他们的思想中透露出的对这种人类学的沉思、厌倦和抛弃。按照一般的意义上，我们可以把尼采的永恒轮回认为是一种自然万物运行方式的描述，但是尼采恰恰做到了在人之外思考人，在无限中思考人的有限性的问题，在生命短暂的人与永恒的宇宙之间的关联中思考人的问题，尼采不思考有限吗？当然思考。因为尼采恰恰认为在永恒的宇宙面前人的生命的短暂和偶然，人是多么的渺小和偶然啊，但是奇迹正是如此，尼采眼前一亮：我们居然有生命，在这不断生成与毁灭的宇宙大圈中，竟然有我们这样的生命样态，这不正是表明着生命的姿态的强大吗？它战胜了生成与毁灭，矗立于永恒漂流的海洋之上。同时，人本身就是这个世界的一部分，我们归属于这个世界的永恒生成，这个生命的诞生到死亡的过程，人已经是永恒的一部分，我们归属于永恒，而“狄奥尼索斯的酒神之醉”就是人的个体存在与世界的意志合而为一的道路。当尼采想到这一点时，他的思想怎么会不宣扬生命意志的坚强和伟大呢？怎么会不热爱生命呢？而观看一下我们的时代，我们只让自己的眼光围绕着人的有限性去思考、去行动，相信认知一定能获得自由，这不是现代人的狂妄自大吗？于是，尼采才会愤慨道："18世纪的德国人，你在发狂！"[①]可惜尼采只是没看到，这只是"疯癫"的开始。

在海德格尔后期的思想作品中，人在自然面前、在存在面前的泰然处之恰恰是一种远离，而不再是技术的"构架"，不再是对自然的强暴、不是对他者的践踏、不是对自我认知的傲慢，这是一种敬畏和低沉的态度，这是一种真实的伟大风格，这是重新裁定人在存在中的位置的沉思，这是担负着思想实事的深沉智慧。文学家伊拉斯谟在《愚人颂》中对愚人进行歌颂的目的在于表明：对于作为每个个体的人来说，要意识到自己只是人，这需要很高的智慧。而福柯对于人类学的批判、对于传统形而上学结构下的历史主义的批评、对启蒙的态度和反思，不正是再次对人类发出的警告吗？福柯看到这种哲学的结构——人类学从认知的角度出发去探寻自由和生命中切实的东西根本就不能直接让思想促动生命的存在。也就是福柯在《主体解释学》中提到的：真理不再能改变主体。只有从这个关乎现代人的生存命运的角度上，才能深刻地理解福柯的思想所试图传达的东西。

哲学人类学的结构中必然存在着难以解决的矛盾：经验与先验、我思与非思的分离，在福柯看来就是哲学知识学化的一个结果。这正是尼采在其《不合时宜的沉思》中沉思过的，也是海德格尔在《世界图像的时代》中所予以传达的思想。当我们把尼

① [德]尼采：《不合时宜的沉思》，李秋零译，华东师范大学出版社2007年版，第216页。

采和海德德尔的沉思与福柯的思想相联系来进行思考时，福柯的思想具有了一些新的意义。福柯多次提到海德格尔和尼采的原因，我们是否已经有所理解了呢？

那么，面对着贫困的时代，真的已经没了希望吗？海德格尔说道："在世界黑夜的时代里，人们必须经历并且承受世界之深渊。但为此就必须有入于深渊的人们。世界时代之转变的发生，并非由于什么时候有某个新上帝杀将出来，或者，有一个老上帝重新自埋伏处冲出来。如若人没有事先为它准备好一个居留之所，上帝重降之际又该何所往呢？如若神性之光辉没有事先在万物中开始闪耀，上帝又如何能有一种合乎神之方式的居留呢？"[①]海德格尔的思想表达得很明白，世界并没有真正的失去希望，但是现代人必定要承担现代的一切痛苦，海德格尔认为并不会出现一个新的"上帝"来替代基督教的"上帝"来重新规整存在的秩序。海德格尔的这段话是在尼采的"上帝之死"的意义而说的，对这段话的理解可以借用列奥·施特劳斯对于现代社会的描述，施特劳斯认为现代社会的生存状态就是这样的一种生存状态："按照一种相当通行的想法，现代性是一种世俗化了的圣经信仰；彼岸的圣经信仰已经彻底此岸化了。简单地说，不再希望天堂生活，而是凭借纯粹人类的手段在尘世上建立天堂。"[②]事实上，海德格尔在这段话中表达的意思和施特劳斯表达的含义十分相似：人们的生活已经彻底世俗化了。但是，海德格尔认为"上帝"即使想归来，现代人也还没有给"上帝"安置好

---

① [德]马丁·海德格尔：《林中路》，孙周兴译，上海世纪出版集团 2005 年版，第 243 页。

② [美]列奥·施特劳斯：《苏格拉底问题与现代性》，彭磊、丁耘译，华夏出版社 2008 年版，第 33 页。

一个"寓所"。在此的"上帝"并不是指基督教的上帝，而是在尼采意蕴之上的人的一切价值设定。但是"希望之光"并没有完全消失了踪迹，海德格尔看到：哪里有绝望，哪里就有拯救。谁来拯救？怎么拯救？海德格尔讲道："'曾经在此'的诸神惟在'适当时代'里才'返回'；这就是说，惟当时代已经借助于人在正确的地点以正确的方式发生了转变，诸神才可能'返回'。……那种被看作是转变之基础的惊恐，只要还没有伴随出现人的转向，它便无所作为了。不过，人的转向是在他们探入本己的本质之际才发生的。这一本质在于，终有一死的人比天神更早地达乎深渊。"[①]海德格尔认为"诸神"是会返回的，也就是说我们现代社会的状态会改变的，但是这必须是人本身发生转变。

那么转变的是什么呢？那就是人必须深刻地认识到：人的认识能力不管多么无限，科技不管怎么发达，人仍然只不过是宇宙中的"一粒尘埃"罢了，而此处的"深渊"指的就是这个世界本身的永恒的生成和消失，转变的是人对于自身的态度，人对于世界的态度。海德格尔并没有像很多人说的那样认为"还有一个上帝来救我们"表达的是一种绝望的态度，其实这种理解是不合适的，因为海德格尔在原文中讲道："哲学将不能引起世界现状的任何变化。不仅哲学不能，而且所有一切只要是人的思索和图谋都不能做到。留给我们的唯一可能是，在思想与诗歌中为上帝之出现准备或者为在没落中上帝之不出现做准备；我们瞻望着不出现的上帝而没落。"[②]其实，海德格尔讲的就是人的"自救"，这种"自救"就是重新认识人与自然、宇宙之间的关系，就是

① [德]马丁·海德格尔：《林中路》，孙周兴译，上海世纪出版集团 2005 年版，第 244 页。

② 孙周兴选编：《海德格尔选集》，三联书店 1996 年版，第 1306 页。

重新认识人自己在世界中的地位，这也正是古希腊“认识你自己”的最深刻的含义，但又不仅仅是“认识你自己”，最终在于从“关心你自己”出发，又在实践中践行了“关心你自己”。福柯对古希腊生存美学的向往也只有在这个思想维度上才能得到理解，福柯思想的历史维度和对待人类学的态度也正是这个角度上才更具现批判性和启发性的现实意义。我们发现，传统社会历史观的重心是“改造社会”，而在福柯（包括海德格尔晚期）这里，问题和希望所在是“塑造自己（的生存本身）”，这也正是福柯思想历史之维的闪光点。

附录

尼采关于历史学价值的沉思

尼采主张历史学的价值在于适度地服务于生活，而过量的历史学不仅会对生活造成危害，而且会使历史学本身的合法性失去根据。其原因在于历史学的科学化和知识化倾向导致历史学知识的泛滥和过度，尼采主张不仅仅要限制历史学运用的程度，而且要运用反历史的和超历史的事物服务于生活，学习古希腊人的文化教养方式，在现代社会的具体生活中实现精神与生活的统一。

尼采的《历史对于生活的利与弊》是他的《不合时宜的沉思》四篇论文中的第二篇，发表于1874年。19世纪中后期，德国的普鲁士王国利用王朝战争方式在1866年战胜奥匈帝国，1870年战胜法国，并在1871年通过《德意志帝国宪法》和德意志帝国的君主立宪制，德意志实现统一。军事上的胜利和政治上的统一，必然会极大地推进民众和当局对于文化的需求，而历史学当时在德国的学术上的极大发展就是当时历史实况的反映，人们表现出的对历史的极大热情和过度的依赖是由于德国军事和政治上胜利激起的德国民族自豪感的具体体现。

尼采称自己的沉思为不合时宜的沉思，沉思的对象是现代人的生存状态和文化状况，其不合时宜性指的自己的沉思是与当时的德国民众的观点相背离甚至是相对立的，当代人在对待历史学的态度和思考中反映出来的文化状况和生存状态并不如想象中的合理，而是存在很多问题的。尼采认为历史学的目的和价值只有在适度地服务于生活时才是合理的，而过度的历史学不仅不会很好的服务于当代人的生活，反而会起到相反的作用，会导致人的精神与生活的分裂，内心与外在的脱节，现代人的生命呈现出低迷、萎缩的状态，文化失去了生命力和创造力，结果也会使历史学自身的合法性出现危机。历史学价值偏移的主要原因在于人们对于历史学科学性和知识性的要求和历史学的过度利用。尼采呼吁现代人一方面要在一定的尺度内合理地利用历史学，另一方面要用超历史的和反历史的文化形式更好地服务于生活，提高生命、文化、精神的行动力和创造力。尼采把自己当作古希腊古典时代的弟子，通过对经典文化的回顾和借鉴，服务于对当代的批判亦即使一种更好的未来成为可能，实现人的生存的精神和生活的统一。

一、历史学与生活

尼采在《历史学对于生活的利与弊》开篇引用了歌德在1789年写给希勒的信中的一段话："凡是仅仅教诲给我，不增进或者直接振奋我的行动的东西，都让我感到厌恶。"[①]歌德的格言的含义是指：一切仅仅教诲人，却不能直接促进人们的行动的知识，即不能使精神和行动的统一的知识都应该予以抛弃。尼

① [德]尼采：《不合时宜的沉思》，李秋零译，华东师范大学出版社2007年版，第133页。

采也正是以这个标准来衡量历史学的价值，尼采认为缺乏振奋的教诲、使行动无力的、过剩的历史学应该被拒绝和抛弃，因为“只是就是历史学服务于生活而言，我们才愿意服务于它”[1]。其意蕴就是指我们是为了生活和行动，而不是为了舒适地离开生活和行动、或者根本不是为了美化自私的生活与怯懦和糟糕的行动而需要历史学。

历史学由于自身的特性永远不能成为像数学那样的精密科学，因而就不能按照精密的标准来评判历史学的价值以及历史学的应用度的问题。生活需要历史学服务到什么程度，“这个问题却是关于一个人、一个民族、一种文化的健康的最高问题和关怀之一”[2]。历史学究竟如何合理地服务于生活呢？尼采的答案是历史学服务于生活必须要有一个度，这个度应该与当代人的生存和文化的创造力相适应，而过量的历史学不但不会起到积极地促进生活和行动的作用，反而会成为生活的负担，危害到生者的生活：“在历史学的某种过剩中，生活将支离破碎，将退化，并且又由于这种退化，甚至历史学亦复如是了。”[3]

为了深化这个问题，尼采在三种类型的历史学之间作出区分，来说明生活需要历史学的服务。三种类型的历史学与其应用者相对应：与行动者和追求者相应的是“纪念的”历史学，与保存者和敬仰者相应的是“好古的”历史学，与受难者和需要解放者相应的是“批判的”历史学。

---

① [德]尼采：《不合时宜的沉思》，李秋零译，华东师范大学出版社 2007 年版，第 134 页。

② [德]尼采：《不合时宜的沉思》，李秋零译，华东师范大学出版社 2007 年版，第 149 页。

③ [德]尼采：《不合时宜的沉思》，李秋零译，华东师范大学出版社 2007 年版，第 149 页。

“纪念的”历史属于勇者和斗士，这些人在自己生存的时代中并没有发现与自己血脉一致的榜样，因而才会转向过去，要在那里寻找精神和行动的偶像和英雄，来应对现实。历史学对于这种人来说，就像一种翻越人类的一座座山岭的攀行，而此时他会发现自己在过去的榜样面前受到鼓舞，而转向对自我的伟大性的追求和创造，要自己成为未来时代的榜样和楷模。对一切杰出的东西跨越各个时代的连续性的信仰将会有助于应对一切渺小和卑微的东西所崇拜的暂时性，而趋向永恒的长存。对纪念式的过去的研究指明了在历史的过去中曾经可能的东西，这些东西让这些勇敢的追求者敢于相信他们可以再次创造伟大，激励人敢于从事表面上不可能的事情。他由此获知，曾经存在过的伟大的东西，无论如何曾经是可能的，因而也会再次成为可能。尼采认为文艺复兴时代的巨人们就是运用这种历史学服务于生活和行动的杰出代表。但是，这种历史学的过度利用会产生危害，损害生者的生活，当这种范围过度扩大就会产生消极作用，当软弱的、缺乏行动力的人来支配和利用这种历史学就会产生不当的作用。他们会认为历史上伟大的东西已经臻于完美，我们的时代根本不需要去探索、开拓和创造。这些人可能会阻碍那些勇敢的探索者的道路，扼杀他们创造的成果和价值。因为：“他们不想有伟大的东西产生：他们的方法是：‘你们看，伟大的东西已经在这里了！’”①

如同行动者需要“纪念的”历史学，对于保存者和敬仰者的生活来说，同样需要历史学的服务。敬仰者需要“好古的”历史

---

① ［德］尼采：《不合时宜的沉思》，李秋零译，华东师范大学出版社2007年版，第158页。

学。对于“好古的”历史沉思而言，是把生者自己当下的生存置于祖先的时代，在憧憬中沐浴在祖先的辉煌和荣誉中。对过去事物的敬虔是对现在的存在的一种感恩的情怀，当下的存在在过去的存在中找到了自己的存在感、家园感，过去的事物成为现在生存的合法性的辩护，受益于这种历史学的生者会有一种“树大根深的安适感，知道自己不是完全任意的和偶然的，而是作为遗产、花朵和果实从一个过去生长出来的，并因此在自己的生存中得到谅解，甚至得到辩护的幸福。”[①]但是，好古的历史学的过度利用同样会产生危害：“凡是一般而言还进入视野的古老的和过去的东西都被简单地当作同等可敬的，而凡是不敬畏地对待这种古老的东西的，因而新颖的生成着的，都受到拒绝和敌视。”[②]人们会过于盲目地相信历史，而不是进行怀疑和筛选，同时还会过于相信历史的权威，而对新颖的东西会持排斥和敌视的态度。过度的历史学会使民族的感觉变得僵化，会破坏继续的生活和更高的生活，历史感不再保持生活，而会把生活变成木乃伊，生活之树就会变得枯萎。对待这样的历史学只是因为由于历史曾经存在过，一切东西都被搜集和珍藏起来；行动就会变得倦怠，而生活仅仅是被保存起来，当代的生存没有受到合理的辩护，这种过度的“好古的”历史学的运用是有害的。

尼采认为维持和提高生活，同样需要“批判的”历史学，生者要拷问历史和评价历史，一切过去的东西都应当从当下的生存中去合理性地质疑和反思，过去的东西必须在其面前为自己辩

---

① [德]尼采:《不合时宜的沉思》,李秋零译,华东师范大学出版社 2007 年版,第 161 页。

② [德]尼采:《不合时宜的沉思》,李秋零译,华东师范大学出版社 2007 年版,第 162 页。

护的法庭不是正义，而是生活。生者利用"批判的"历史学是服务于生活的创造和行动，但是批判历史同样也是对我们自身存在的质疑，因为我们是过去时代的结果，我们也是他们的迷乱、情欲和错误乃至罪行的结果，我们对他们的判决总是会涉及我们自身。在与古人进行争辩时，也是对我们的第一本性的质疑和批判，是与我们自己的斗争。

这就是历史学能够为生活提供的服务，每个人和每个民族都按照自己的目标、力量以及对历史学的需要来利用各种类型的历史学，这种需要而不仅仅是为了增多历史学的知识，而是永远为了生活的目的，历史学也就处在这个目的的统治和最高领导之下，历史学只有在不削弱现在，而是为了提高现代和未来时才具有价值。

二、历史学的过量与危害

尼采不仅认为我们的生活需要历史学的服务，生活是判断历史学价值的标准，并且通过"纪念式""好古式""批判式"的历史学为生活服务，还沉思了过量的历史学产生的危害的具体表现，这表现在五个方面。

第一，历史学的过量会使个人的内心与外在相分离，人格会被削弱。如果人仅仅是历史的旁观者，失去了感知历史震撼性的能力，人被迫了解到的像大海一样的历史事实构成了他了解当下的背景，那么有生命的东西都会在所知道东西的杂乱堆积中枯萎，知者变成了单纯的写作和演说的机器。无论人现在遇到什么，看起来都不过是更大的时间跨度中的一个小小的插曲，"这样，个人就变得胆怯和没把握，再也不可以相信自己：他沉没在自身中，沉没在内在的东西里，在此只叫作：沉没在学来的对外不起作用的东西,亦即不成为生活的教诲杂乱堆积的垃圾"①。本能被历史学驱逐,人渐渐成为纯粹的抽象物,由于被过高评价的科学性和知识性原则在生活中不会起到作用,会引起现代人人格的分离。

第二,过量的历史学会使一个时代陷入自负,认为它比其他时代拥有更高的德性和正义。历史学像无尽的海洋冲刷着当下人的生存,人们过于相信现在的行为能够有效地改造过去的遗产。人们援引已做到的"客观性"而使自己沾沾自喜,而尼采却认为这种对待历史态度的"客观性"是一种自我欺骗,是合乎时宜的历史学家存心显露出来的洒脱,真正的客观性不是对历史事实的简单的临摹,而是得出全面的联系,其中一切个别的东西都获得应归于它的位置,真正的客观性犹如有权进行审判的正义者,犹如一个冷酷的知识精灵,它果敢、冷酷、威严。所谓的"客观性"不过是一种想象,尼采借用希勒的话来表达:"一个接一个的现象开始逃脱盲目的偶然、无规律的自由,并且把自己作为一个合适的肢体,加入一个和谐整体——这整体当然只存在他的想象中。"②过于自负的时代是虚假性的自我欺骗,它会轻蔑而毫无敬意地对待历史中的伟大的精神和事件,也会在自负中丧失创造未来的可能性。

第三,历史感削弱创造未来可能性的力量,个人和民族的本能都受到损害。尼采说:"历史感如果不受约束地起支配作用,并且得出它的一切结果,就会把未来连根拔掉,因为它破坏幻

① [德]尼采:《不合时宜的沉思》,李秋零译,华东师范大学出版社2007年版,第167页。

② [德]尼采:《不合时宜的沉思》,李秋零译,华东师范大学出版社2007年版,第190页。

想，夺去现存事物的氛围，而这些事物只能活在这氛围中。”①人们只有在幻想的荫庇中，在对美和善的信仰中，才能去创造，才能去寻找人类未来的可能性。而没有约束的历史感像拆解的机器，在历史的长河中像挖泥工一般挖掘历史中错误的、粗糙的、非人性的、悖谬的、粗暴的东西，使人们失去对未来的幻想，泯灭对未来的希望。历史学不仅仅是一种破坏，而且必须有一种建设的冲动引导着它。一个民族，乃至每个人，都需要一个被包裹着的幻想，而现代的人变得没有家园感，怀疑一切传承下来的风俗和习惯，却习惯在沦亡的预感中生存，对他人、对自己都变得漠然和懈怠，过着一种自嘲的生活。

第四，由于历史的超重，就会滋生出对人类年龄的信仰，即自己是后来者和模仿者的信仰。历史学对于现代人文化的允诺，犹如基督教对于末日审判的允诺，今天的历史学就内容而言一直还带有神学的性质，并且以“记住死亡”为准则，从而成为一切生成和新生事物的敌人。在这种历史感中，人们成为强大世族凋萎的后裔，“这样的后裔过着一种冷嘲的实存，毁灭紧迫着他们瘸行的生命行程”②。这些人会被忧郁的预感困扰着，会认为他们的生活是一种不义的表现，因为没有一种未来的生活能够承认他们是正确的。他们在祖先的高尚的精神和伟大的创造中变得不自信，变得渺小，变得毫无生命力，而显得过于苍老。

第五，由于历史学的过量，一个时代就陷入讥讽自己本身的危险情调中，并由此情调出发陷入更危险的犬儒主义情调中。

---

① [德]尼采：《不合时宜的沉思》，李秋零译，华东师范大学出版社2007年版，第195页。

② [德]尼采：《不合时宜的沉思》，李秋零译，华东师范大学出版社2007年版，第209页。

我们时代的历史感过于强烈，并表现为普遍而又没有界限的姿态。这种姿态反映的是现代人的自负，实质上却是一种自卑，他们意识到他们必须生活在一种历史化里，他恐惧根本不能从青年的希望和力量中保留任何东西到未来，如果这种想法更进一步就会导致某种“犬儒主义”。现代人会按照“犬儒主义”的教条为历史进程辩护，为整个世界发展的进程辩护：“事情必然恰恰如现在所发生的那样来发生，人必然成现在人所示的样子，不能是别的样子，没有一个人可以反抗这个自然。”①而认为人类总体的目标在于更高的理想的共和国。

三、科学化的历史学与“生活保健学”

历史学必须以生活为目标，必须在这个目的统治和领导之下，这是时代、文化、民族与历史学的一种自然关系，对历史学的运用起于对现实的分析和思考，由对历史学的需要程度来调整，通过生活内在的可塑力保持在界限内。如果超出这个界限，历史学就犹如泛滥的洪水肆虐着现代人生存的家园，而其主要原因就在于历史学的科学化。

历史学的价值指向生活，生活就像星辰指引着历史学的方向，而科学却使生活与历史的“星位”发生了变化：“是这样一颗星辰，一颗明亮的、美丽的星辰走进了它们之间，星位确实改变了——由于科学，由于历史学应当是科学性的要求。”②历史知识的过度科学化使历史上一切曾经有过的东西都向人袭来。这

① [德]尼采：《不合时宜的沉思》，李秋零译，华东师范大学出版社 2007 年版，第 215 页。

② [德]尼采：《不合时宜的沉思》，李秋零译，华东师范大学出版社 2007 年版，第 166 页。

种对历史学知识的探求的信条是："要有真理，哪怕生活沦亡。"[①]历史知识过于泛滥，对现代人来说难以"消化"，犹如坚硬的石块沉淀在现代人"知识的胃"中。现代人暴露出精神的缺陷：被接受的知识被现代人称为独有的"内在性"。在这种情况下人们只有内容，而没有形式："一种没有内心与之相应的外表，一种古代各民族尚不知道的对立。"[②]现代文化的教养根本不是一种教养，而仅仅是一种关于教养的知识，现代人仅仅停留在教养的想法上，从中产生不出教养的决断和行动，成为"会走路的百科全书"。科学性历史学的危害在于动摇了人的生存的根基："如果科学所引起的概念地震把人的一切安全与宁静的基础、把对持久的永恒的东西的信仰都剥夺了，那么，生活自己就在自身中崩溃了，变得懦弱和怯懦。"[③]

尼采认为要摆脱过度的历史学的危害，首先要正确地认识并摆正知识与生活的关系，必须认识到生活是最高的目的，是统治知识的势力，知识不以生活为目的，就会失去存在的合法性和基础，知识的目的在于生活，而不是知识的自身的增多。由此，科学就需要一个较高的管理和监控，拒绝对历史学科学化的要求，并且要用"生活的保健学"治愈被过量的历史学损害的生活。通过"非历史的"和"超历史的"精神形式，现代人才能返回到沉思的开端，返回到它的宁静。"非历史的"指的是"能够遗忘并把自己封闭在一个有限的视域里面的艺术和力量"，"超历史的"指

① [德]尼采：《不合时宜的沉思》，李秋零译，华东师范大学出版社 2007 年版，第 166 页。

② [德]尼采：《不合时宜的沉思》，李秋零译，华东师范大学出版社 2007 年版，第 167 页。

③ [德]尼采：《不合时宜的沉思》，李秋零译，华东师范大学出版社 2007 年版，第 236 页。

的是“把目光从生成移开，转向把永恒和意义相同的品格赋予存在的东西，转向艺术和宗教的强势”①。宗教具有永恒性的价值，而艺术是生命力不断创造性的表现，尼采在《悲剧的诞生》中就认为：“在艺术作品的意义中有着我们最高的尊严——因为只有作为审美现象，生存和世界才是永远有充分理由的。”②艺术的价值就在于对个体的生命价值提供了理由和根据。在宗教和艺术的氛围中，人不会出现精神和生活、内心与外在的对立，而这种人类存在的典型就是古希腊人，古希腊人的文化教养是一种“非历史的”文化教养形式，这种教养具有丰富、充满活力的现实性。现代人应当看到这是古希腊人留给后代的最宝贵的精神遗产，因为古希腊人也曾经处在与我们的时代相似的处境之下，他们也曾经可能会因外在的和过去的东西泛滥、“历史学”的过度而沦亡。尽管如此，古希腊人却渐渐地学会了把混沌的东西组织起来，并且在德尔菲的神谕“认识你自己”中坚守住自己的信仰，在同自己的艰苦的斗争中，使自己成为先代的精神遗产的保存者和丰富者，成为后代文化的先行者和榜样，古希腊人的教养是自然性的文化教养，没有内与外、装扮和习俗的区别，“文化就是生活、思维、显现和意欲的一种一致”③。学习古希腊人的教养就是学习古希腊人的精神和生活的统一。文化的未来也就是现代人生存的未来可能性，未来的人类的生活状态应该是精神和生活、内心与外在的统一，而不是相互对立，这正是尼采指

① [德]尼采：《不合时宜的沉思》，李秋零译，华东师范大学出版社 2007 年版，第 237 页。

② [德]尼采：《悲剧的诞生》，杨恒达译，译林出版社 2007 年版，第 37 页。

③ [德]尼采：《不合时宜的沉思》，李秋零译，华东师范大学出版社 2007 年版，第 239 页。

给我们的方向。

四、“清醒”的历史学与思者的姿态

法国“年鉴学派”的历史学家马克·布洛赫曾经说过：“千言万语，归根结底，‘理解’才是历史研究的指明路灯。”[①]这正是历史学家的一种告诫：对历史学进行研究必须保持一定程度的清醒，必须保持一定程度的敬仰，必须保持一定程度的谦逊。历史学研究的目的在于其价值性，而不在于纯粹的知识的增多。尼采所担忧的也正在于我们过分看重历史本身，尤其是历史知识本身的增多和历史研究的科学化和知识化。历史学不仅仅是知识的探索，历史事件自有其内在的意义，而对历史学知识性要求的过度，反而会使历史学知识的探索和历史价值的解释相互脱节，这是历史学本身正面临的问题，这也是尼采所指的历史学因为不能合宜地服务于生活而使自己本身的合法性出现的危机。布洛赫也曾经表达过相类似的担忧：“如果批判只是为了合乎解释，那么读者尽可忽略过这些评判，不幸的是，由于习惯于判决，也使人们对解释失去兴趣。过去的偏爱和现在的成见合为一体，真实的人类生活就会被图解为一张黑白分明的面。”[②]而尼采所说的历史的滥用指的就是这样一种对历史的误解和不尊重。

尼采关于历史学的思考带有强烈的批判性，他在《看哪，这人》中曾经回顾：“构成《不合时宜的沉思》的四篇文章是彻底战

① [法]马克·布洛赫：《为历史学辩护》，张和声、程郁译，中国人民大学出版社 2006 年版，第 121 页。

② [法]马克·布洛赫：《为历史学辩护》，张和声、程郁译，中国人民大学出版社 2006 年版，第 118 页。

斗性的。"[①]历史学家海登·怀特也曾经说:"尼采的目的是破坏人们对某种历史性过去——人们从中或许能学到任何单纯、本质的真理——信念。"[②]怀特的评价比较确切,尼采反思历史学的价值恰恰反对的是对历史学的过度的真理性的探求,他也说过"要有真理,哪怕生活沦亡"[③]这种观点是有害的,再者人们的自负有时候会产生自认为自己掌握了绝对的真理和信念,尼采所批评的历史学的自负就是这样一种状况。

尼采对历史学的价值的反思却又不仅仅局限在历史学当中,而是通过局部的分析来表现文化整体所面临的一些问题,并通过文化的状况来反思当代人的生存现实。不难看出,历史学所面临的问题也恰恰是哲学、思想面临的问题,从哲学出现的那一刻起就可以说哲学就在于:好奇促动真相之发掘,自由激发解放之求索。没有比"人"这个事物更让思想家感兴趣了。尼采对于现代人的生命、精神、价值的反思和关怀,其目的不外于对当下的人的生存状况的反思来探求人类的未来可能性,这种可能性是人的生存的精神与生活的统一性。这也是哲学和思想的生命力所在,也正是在这种生命力中,人类绵延生息、探索和追求,脚踏着生育的大地,心向往着高远的苍穹。然而,哲学和思想在当代也在不断地科学化和知识化,哲学变成一种知识、一种无关于生存的真理性的探求,哲学不再是一种为了生存的精神品性,不再是一种安慰心灵和激发行动的精神。正是在这个视角上,

① [德]尼采:《看哪,这人》,张念东、凌素心译,中央编译出版社 2000 年版,第 56 页。

② [美]海登·怀特:《元史学:十九世纪欧洲的历史想象》,陈新译,南京译林出版社 2004 年版,第 56 页。

③ [德]尼采:《不合时宜的沉思》,李秋零译,华东师范大学出版社 2007 年版,第 166 页。

尼采看到了科学对于生活的危害，可以说尼采是对科学的价值进行反思和批判的先行者，却比后来者早了整整半个世纪甚至更多。科学性的知识隔离了人的心灵和外在、精神与生活，这是一种对人的精神品性的“剥夺”，是对人的“自然”的“剥夺”，用马克思的话语来表达就是一种“异化”，但这是一种“知识的异化”，对于这一点，当下的知识人都能够深深地体会到这一点，然而更可怕的是安于现状，时常借用黑格尔的“存在就是合理的”而自我安慰。尼采却借用古希腊德尔菲神谕“认识你自己”告诫现代人“过于骄傲的19世纪欧洲人，你在发狂！”[①]尼采对于现代人的生命、精神、价值的反思和关怀，其目的不外于对当下的人的生存状况的反思探求人类生存的未来可能性，这种生存的可能性是精神与生活、内心与外在的统一。尼采的沉思抽象而又归于现实，思想激荡而又不失明晰，目光尖锐而又充满关怀，执于现在而又遥望着未来，这就是一个思者的姿态。我们可以想象，假如尼采生在当下的时代，他该如何反思当今的知识状况。

① [德]尼采:《不合时宜的沉思》，李秋零译，华东师范大学出版社2007年版，第166页。

参考文献

英文部分：

[1] Michel Foucault, *Politics, Philosophy, Culture: Interviews and Other Writings 1977-1984*, London: Routledge, 1988.

[2] Michel Foucault, *The Archaeology of Knowledge and the Discourse on Language*. New York: Vintage Books, 1972.

[3] Michel Foucault, *The Order of Things*. London: Routledge, 1972.

[4] Michel Foucault, *The Use of Pleasure*. New York: Vintage Books, 1990.

[5] Michel Foucault, *Discipline and Punish: The Birth of the Prison*. Harmondsworth: Penguin, 1979.

[6] Michel Foucault, *Ethics: Subjectivity and Truth*. New York: The New Press, 1987.

[7] Michel Foucault, *Power/Knowledge*, edited by Paul Rabinow. New York: Vintage, 1984.

[8] Paul Rabinow (ed.), *The Foucault Reader*. Harmondsworth: Penguin, 1984.

[9] Clare O'Farrell, *Foucault: Historian or Philosopher?* London: the Macmillan Press Ltd., 1989.

[10] F. Ankersmit, *Meaning, Truth, and Reference in Historical Representation*. New York: Cornell University Press, 2012.

德文部分:

[11] Überwachen und Strafen, *Die Geburt des Gefängnises*, Frankfurt, 1976.

[12] Hg. von Daniel Defert und Francois Ewald, *Schriften in vie Bände*, Frankfurt. 2001-2005, SchⅢ.

[13] Hg. von Daniel Defert und Francois Ewald, *Schriften in vie Bände*, Frankfurt. 2001-2005, SchⅡ.

中文部分:

[14]刘北成:《福柯思想肖像》,上海人民出版社 2001 年版。

[15]杜小真编选:《福柯集》,上海远东出版社 1998 年版。

[16]莫伟民:《主体的命运》,三联书店 1996 年版。

[17]莫伟民:《莫伟民讲福柯》,北京大学出版社 2005 年版。

[18]余虹:《艺术与归家——尼采·海德格尔·福柯》,中国人民大学出版社 2005 年版。

[19]汪民安:《福柯的界限》,南京大学出版社 2008 年版。

[20]陈嘉明:《现代性与后现代性十五讲》,北京大学出版社 2007 年版。

[21]刘永谋:《福柯的主体解构之旅》,江苏人民出版社 2009 年版。

[22]杨凯麟:《分裂分析福柯》,南京大学出版社 2011 年版。

[23]周建漳:《历史及其理解和解释》,社会科学文献出版社 2005 年版。

[24][法]米歇尔·福柯:《主体解释学》,佘碧平译,上海人民出版社 2010 年版。

[25][法]米歇尔·福柯:《词与物》,莫伟民译,三联书店 2001 年版。

[26][法]米歇尔·福柯:《知识考古学》,刘北成、杨远婴译,三联书店 2007 年版。

[27][法]米歇尔·福柯:《必须保卫社会》,钱翰译,上海人民出版社 2010 年版。

[28][法]米歇尔·福柯:《疯癫与文明》,刘北成、杨远婴译,三联书店 2010 年版。

[29][法]米歇尔·福柯:《规训与惩罚》,刘北成译,三联书店 2010 年版。

[30][法]米歇尔·福柯:《性经验史》,佘碧平译,上海人民出版社 2010 年版。

[31][荷]方斯·厄尔德斯编:《乔姆斯基、福柯论辩录》,刘玉红译,漓江出版社 2012 年版。

[32][法]吉尔·德勒兹:《哲学与权力的谈判》,刘汉全译,商务印书馆 2003 年版。

[33][法]吉尔·德勒兹:《德勒兹论福柯》,杨凯麟译,江苏教育出版社 2006 年版。

[34][法]H.丹纳:《艺术哲学》,张伟译,北京出版社 2004 年版。

[35][古希腊]荷马:《奥德修纪》,杨宪益译,中国工人出版社1995年版。
[36][荷兰]伊拉斯谟:《愚人颂》,许崇信译,辽宁教育出版社2001年版。
[37][德]康德:《康德著作全集》第4卷,李秋零主编,中国人民大学出版社2005年版。
[38][德]康德:《纯粹理性批判》,邓晓芒译,人民出版社2004年版。
[39][德]康德:《实践理性批判》,关文运译,广西师范大学出版社2001年版。
[40][德]尼采:《不合时宜的沉思》,李秋零译,华东师范大学出版社2007年版。
[41][德]尼采:《悲剧的诞生》,杨恒达译,译林出版社2007年版。
[42][德]尼采:《论道德的谱系·善恶之彼岸》,谢地坤、宋祖良、程志民译,漓江出版社2007年版。
[43][德]尼采:《权力意志》,贺骥译,漓江出版社2007年版。
[44][德]尼采:《瞧,这个人》,黄敬甫、李柳明译,团结出版社2006年版。
[45][德]马丁·海德格尔:《存在与时间》,陈嘉映、王庆节译,三联书店2006年版。
[46][德]马丁·海德格尔:《林中路》,孙周兴译,商务印书馆2005年版。
[47][德]马丁·海德格尔:《海德格尔选集》,孙周兴选编,三联书店1996年版。
[48][德]古斯塔夫·施瓦布:《古希腊神话》,曹乃云译,译林出

版社 2010 年版。
[49][德]阿克塞尔·霍耐特:《权力的批判:批判社会理论反思的几个阶段》,童建挺译,上海人民出版社 2012 年版。
[50][瑞士]菲利普·萨拉森:《福柯》,李红艳译,中国人民大学出版社 2010 年版。
[51][美]列奥·施特劳斯:《苏格拉底问题与现代性》,刘小枫主编,彭磊、丁耘译,三联书店 2008 年版。
[52][美]詹姆斯·米勒:《福柯的生死爱欲》,上海人民出版社 2003 年版。
[53][美]布莱恩·雷诺:《福柯十讲》,韩泰伦译,大众文艺出版社 2004 年版。
[54][美]德赖弗斯、拉比诺:《超越结构主义与解释学》,张建超、张静译,光明日报出版社 1992 年版。
[55][美]佩里·斯科特·金:《伯里克利》,陈俊华译,中国工人出版社 2010 年版。
[56][美]依迪丝·汉密尔顿:《希腊精神》,葛海滨译,华夏出版社 2014 年版。
[57] [美]包亚明主编:《福柯访谈录——权利的眼睛》,严峰译,上海人民出版社 1997 年版。
[58]周建漳:《福柯后现代微观权力言说述评》,《江西社会科学》2010 年第 1 期。
[59]周建漳,福柯与现代性,《厦门大学学报》(哲学社会科学版)1999 年第 3 期。
[60]张汝伦:《自我的困境——近代主体性形而上学之反思和批判》,《复旦大学学报》(社会科学版)1998 年第 1 期。
[61]龚群:《从主体哲学到交互性主体哲学——后形而上学方法

论问题》,《社会科学战线》2002 年第 2 期。

[62]米歇尔·福柯:《福柯答复萨特》,莫伟民译,《世界哲学》2002 年第 5 期。

[63]陈嘉明:《启蒙的意义与现代性的合理性》,《求是学刊》2006 年第 3 期。

[64]于奇智:《福柯及其生平、著作和思想》,《国外社会科学》1997 年第 1 期。

[65]杨大春:《别一种主体——论福柯晚期思想的旨意》,《浙江社会科学》2002 年第 3 期。

[66]杨大春:《身体经验与自我关怀——米歇尔·福柯生存哲学研究》,《浙江大学学报》(人文社会科学版)2000 年第 8 期。

[67]莫伟民:《从尼采的“上帝之死”到“人之死”》,《哲学研究》1994 年第 3 期。

[68]莫伟民:《论福柯非历史主义的历史观》,《复旦大学学报》(社会科学版)2001 年第 3 期。

[69]莫伟民:《福柯与结构主义》,《复旦大学学报》(社会科学版)1994 年第 5 期。

[70]莫伟民:《福柯与理性批判哲学》,《中国社会科学》1994 年第 4 期。

[71]汪民安:《论福柯的“人之死”》,《天津社会科学》2003 年第 5 期。

后　记

本书写成于在厦门大学求学的日子，后来断断续续地在进行着修改。曾记得当时在书稿收笔的那一刻，写下了这样一句话："这又是一段生命历程的结束。而在此时此刻，关于那段岁月的记忆里总是被染上了木棉花的深红。爱上一个地方就像爱上一个人，在时光的流逝中，多年以后，却发现愈发难以忘却。"

我曾经问自己，福柯的生存美学思想对于自我心灵的激荡是什么？我想那是一个渴望旺盛生命力的种子，还有一层厚厚的精神壁垒，在这个壁垒中我可以自由的思考，活着要努力做一个自由的精神精灵，死的时候要无悖于人性。即思想的密林，幽曲难寻。而这一切在思想和精神的追寻中渐渐显露出精神的痕迹，这让我想起了雪莱写给诗人的诗歌：

藏在
思想的光芒之中
竟然唱起赞歌
直到让这个世界开始同情
它未曾在意的希望和恐惧

而对于生命的态度，或许可以坦然地聆听古希腊悲剧家索福克勒斯超然的诗歌：

克罗诺斯的儿子从来不曾
把没有痛苦的日子赠给凡人。
但是快乐和悲伤
时间的车轮
滚向每一个人，
甚至像沿着轨道运行的星星。
光明灿烂的夜晚，
命运，死亡。
它们从来不会等待世人。
财富来了又去，
悲伤和快乐也是如此。

记得求学的日子，经常会去鼓浪屿，在那里曾经邂逅了一位格调低沉的酒吧老板，看着他悠然地调着各种颜色的鸡尾酒，难免会为之动情。我称赞他的酒是一件难得的艺术品，他却对我说他最好的艺术品是他的人生。那情那景深深触动了我渐渐被尘封的心灵，让我想起了尼采的《悲剧的诞生》中审美的人生，也让我想起了福柯的生存美学。这种艺术化的人生不仅在书本上，而且就在我们现实的生活当中，就在厦门不起眼的角落里，在中山路左拐右拐的小巷里，在海浪拍打鼓浪石的涛声里，在南普陀寺袅袅的钟声里，而这一切就在斑驳的光线中与那些生命没有被忘却者不断碰撞，走远。

那是一个美丽的地方，也是一个有爱的地方。我的导师给了我思考的自由和空间，那些笑容、语词、身影都已经成为我生命中斑斓的色彩。

在远离故乡的那段日子里，常常会想起和父母一起在厚重的大地上劳作的日子，现在我远离了那份沉重，而年迈的父母还在用汗水和心血浇灌着那承载着岁月和希望的土地。成长是一种领悟，有着爱的牵绊的沉重生活本来就是生命的姿态。在他们记载着生活的艰辛的脸庞上，我读懂了十字架是大地的意义：爱的实现是与受苦和牺牲联系在一起的，这是爱在此世此地的必然遭遇。

挚友宋群曾经对我说过一段让我难忘的话："结束一段融入生命的游历，就像暂别深爱的恋人，虽然依依不舍，但并不是难舍难分，因为真情永在，大爱无疆。"

王建志

2018 年 9 月